爱是教育的灵魂

学校素质教育的多维度探索

Love is the Soul of EDUCATION

周西政 编著

北京师范大学出版集团
BEIJING NORMAL UNIVERSITY PUBLISHING GROUP
北京师范大学出版社

编委会名单

主　编：周西政
副主编：藏　勇
编　委：（按姓氏笔画排列）
　　　　冯秀丽　仲桂娟　杨兴亮　段章华
　　　　秦媛媛　贾云生　葛庆龙　程俊平

序 一

教育需要爱，教育需要无数教师充满智慧的爱。当一个人做着自己快乐的事时，就会以满腔热情投入其中，他的潜能就能被激发出来，他的人生价值就会充分体现出来。

爱是一种责任，是一种情感，是一种不求回报的奉献。教师和学生之间的关系，就如同蚌与沙，沙粒经历了长年累月爱的打磨，会蜕变成一颗颗熠熠生辉的珍珠。身为教师，要如同蚌一般用爱的宽容对待孩子的过失，用爱的温度激发孩子的潜能。而教师作为一种职业，更应当树立为学生服务的思想，把自己定位在服务者的位置上。这看似卑微，但恰恰是德高之体现。

爱心是教育的前提，教育是心灵的艺术。这些年来，我见过千千万万优秀的教师，有的在班级管理上出类拔萃，有的在教学上百里挑一。他们都有一个共同的特点，就是对孩子有着热忱的爱，对教育事业有满腔的热情。就如同我在《我是这样做教师的》一书中说的那样："教育是一个不完美的人带着一群不完美的人追求完美的过程。"只有爱是走进孩子心灵的坦途，只有爱是打开他们心锁的钥匙。

"教育就是爱"，不是一句空话，而是一种时刻落实于实际行动的信仰与追求。只有坚持爱的教育，教师才能意识到学生才是课堂的主人，才能坚守"生本教育"，才能还课堂于学生，切实提高学生的自主创新能力；只有坚持爱的教育，才能落实"民主与科学"的管理理念，建立完善的民主班级制度，才能使师生生活在一种相互理解、尊重、信任与关爱的气氛之中，形成平等和谐的人际关系；只有坚持爱的教育，才能贯彻"行为养成习惯，习惯形成性格，性格决定命运"的教育思想，使教育不仅启迪孩子的智慧，更能培养惠及孩子终生的习惯；也只有坚持爱的教育，才能让教师在教书育人过程中感受到爱与被爱的快乐，从而克服职业倦怠，真正获得幸福感与成就感，进而实现人生价值。

可以说，就教育而言，没有爱就没有一切。因为我们教育的对象是人，是有思想、有个性、有感情的学生，而不是一台台冷冰冰的机器。一个教师，只有蹲下身子和学生说话，走下讲台和学生交流，真正用心、用情、用爱去对待学生，才有可能打开学生的心扉，扬起他们生命的风帆。

正是在爱的教育理念指导下，莘县二中本着"以爱育人"理念，在教育过程中始终致力于打造良好的育人环境，通过多种路径为学生撑起一片爱的天空。

《爱是教育的灵魂》这本书，记录了莘县二中在周西政校长的领导下在素质教育之路上的探索与实践。该书以爱的教育为立足点，强调以爱育人、立德树人、家校合育；在教育实践中将国学与现代教育思想紧密结合，积极关注教师、家长和学生的心理健康，从理论到实践、从学校到家庭，层层深入，对教师、家长和学生进行全方位引领与启迪，实现了学校教育理念的升华和素质教育的巨大提升。

该书介绍了莘县二中的教育理念及实践过程，在这些教育理念与教育故事中，我们不难看出学校和教师对孩子那份深沉的爱。

教育是一条没有终点的路，身为教师的最伟大之处，就是用一片赤诚的心把孩子的人生旅途装点得花香弥漫，就是用自己一生的岁月让三尺讲台桃李芬芳。

愿莘县二中的全体教师能以本书为起点，享受与学生一起培育爱心、奉献爱心的快乐，让教育充满爱的力量，继续谱写教育改革新篇章。

魏书生
2019 年 5 月于盘锦

序 二

人们都知道教育和爱是紧密相连的，甚至说没有爱就没有教育。人们从不同的角度诠释教育，也从不同的体验和感受中诠释着爱，教育和爱紧密联系。我想就教育之爱谈谈自己的体验和认识。

我是一个从教 60 余年的老教育工作者，如果有人问我："您爱自己的学生吗？"我会毫不犹豫地回答："爱。"如果再问："您的学生都可爱吗？"我会坦率地说："不是。"因为有的学生或由于缺失良好的家教，或由于受到社会不良风气的影响，身上会有诸多毛病，有的甚至会做出危害他人的坏事。世界上没有无缘无故的爱，对这样的学生还真是爱不起来。但他是我的学生，我就要对他负责，不仅不会嫌弃他，反而会想方设法教育他、改变他。我认为这同样是爱，是一种理性的爱，是师爱。由此我体会到，爱更是一种责任，表现为负责和担当；当然，爱也是一种行为，表现为付出和奉献。因此，师爱的本质是责任、担当和奉献。海峡两岸公认的著名教育家、台湾忠信学校创办人高震东先生说："爱自己的孩子是人，爱别人的孩子是神。"师爱是神圣的。

爱要爱在根本上。教育的根本任务是什么？党的十八大明确提出："把立德树人作为教育的根本任务。"党的十九大又提出："落实立德树人根本任务。"我的理解，立德树人即首先立德，并通过立德培养起德、智、体、美全面发展的人，这个人是社会主义建设者和接班人。根本任务是关系教育生命的任务，离开了立德树人根本任务，我们的教育就失去了正确的方向，就偏离了正确的轨道，那是很危险的。高震东先生说："智育没有德育做基础，智育就是犯罪的帮凶；体育没有德育做基础，体育就是暴力的前卫；美育没有德育做基础，美育就是腐化堕落的催化剂；群育没有德育做基础，群育就是社会动乱的根源。"这精辟的论断清楚地告诉人们：立德树人就是爱在根本上。

德育如此重要，那么德育的基本任务是什么？是使全体学生成为热爱祖国、遵纪守法、遵守社会公德、文明礼貌的好公民，这是党和国家规定的中小学德育工作基本任务的基点。中小学教育属于基础教育，中小学德育也要从打基础做起，从小培养学生养成良好的品德和行为习惯。在这个基础上继续提高学生的社会主义觉悟，帮助他们树立科学的人生观、世界观，并使他们中的优秀分子将来能成为坚定的共产主义者。

爱学生就要给学生提供良好的教育，本书提到的莘县二中开展的国学教育、心理健康教育、家庭教育和学校育人环境都是良好教育中必不可少的因素。希望莘县二中在爱的教育之路上继续大步前行，让爱满校园，使学生在爱的阳光下健康成长。

孙学策
2019 年 5 月 24 日于北京

序 三

从事教育多年，我一直在思考两个问题：学校教育怎样才能让每一个学生的生命呈现最好的状态？什么才是最好的教育？

在20世纪50年代，美国学者哈洛做了一个社会心理学的实验，他把一群刚刚出生的小猴，从父母身边带离，将每一只小猴都单独关进笼子。哈洛在笼子的一边给它们用钢丝做了一个非常坚硬的很像是猴子的铁丝架，在架子上放置牛奶瓶。在笼子的另一边，他还给猴子放了一个毛茸茸的很像猴妈妈的猴子玩具。

他们发现，所有的小猴饿到不行的时候，才到那个铁丝做的猴子那里去喝奶，喝饱了之后，会迅速地回到那个毛茸玩具猴妈妈身边。虽然这个模拟的妈妈不能为它们做任何事情，可是那些小猴都愿意紧紧地蜷缩在那个猴妈妈身上。

这些实验用的小猴子长大之后，虽然体格健康，却无法正常融入猴子的族群。它们就像得了灵长类动物精神病一样，在笼子里尖叫、哭泣，做出一些疯狂举动。后来人们利用技术手段让它们怀孕生下小猴，这些猴子对自己生出来的生命毫无感觉，当新生儿小猴向妈妈身上爬去的时候，它们的妈妈愤怒地推开它们，甚至是咬掉它们的手掌和头颅。

这个实验太过残酷，后来在全球范围被永久地禁止了。但是这个实验教会了我们一个基本的心理学常识：爱是一种能力，它来自爱的关系，来自亲人和社会环境给予的良性互动。

对于人而言，爱是一种最重要的情感。所以，我们给孩子的最好的东西，不是分数，不是金钱，不是物质，而是爱，是发自内心的对美好情感的体验。

好的学校教育，应该让学生找到爱，找到自我生命的尊严与作为一个生命存在的幸福感。一所学校，特别重要的是给孩子一个好的环境，就是充满自由、宽松与爱的环境。孩子们只有生活在这样的环境里，他们的天性和灵性才能得到很好的生长。

今天，我们的学校教育过分关注学生的智慧和发展，而忽视了情感的教育——爱的教育。一位大学校长曾经形象地说："中国现代教育就像大家都坐在一列奔驰的误入歧途的火车上，谁也不想下来，谁也不敢下来。"

莘县二中愿意做改革的先行者，在今天教育改革的大潮之中不断创新，不断探索，以我们微薄的力量跟众多教育同人一起推动中国教育的变革。

我们跟山东四维教育合作，把国学教育和心理健康教育纳入我们的课程体系，打造良好的育人环境，重视家校合育，形成教育的"四维"：国学教育，提升人生境界，传承文明，明理正德，为学生一生的幸福奠定基础；心理健康教育，让学生拥有一个积极阳光的心态，面对人生中的各种困难与挫折；家庭教育，是爱的源头，是学校教育成功的基础；学校育人环境，以学校文化为支撑，营造和谐的环境，让教育充满人性的光辉，让学校成为一方乐土。

我们从这四个维度，希望为每个学生提供适合的教育，让他们成为有爱的能力的人，成为最好的自己。

一个有梦想、有情怀的教育人，是不会满足于现实的苟且的，一定还需要拥有一个更为广阔的精神世界，还需要诗和远方！而对于每个二中人来说，在实践中不断创新与改革就是我们的诗和远方！

周西政
2019 年 5 月

前　言

随着 21 世纪的到来，人类社会进入了一个崭新的时代——知识经济时代。民族素质和创新能力越来越成为综合国力的重要标志，因此，全面推进素质教育，是我们顺应时代发展、迎接新的挑战的必然选择，是国家富强、民族振兴的现实基础。目前，学校素质教育已经成为中国教育最为重要的一环。

素质教育是爱的教育，从小学到大学本科毕业十六年的时间，在一个人的生命中占很大的比例，这段时期的教育对人起着决定性作用。在学校期间，学生系统地学习文化知识，接受社会规范的教育，逐步形成自己的道德准则、价值观、人生观，学校开展素质教育也是新时期的必然选择。党的十九大报告中特别强调"办人民满意的教育"，立德树人是根本任务，发展素质教育是学校教育义不容辞的责任。

鲁迅先生说："教育是根植于爱的。"学校应该是一个充满爱的地方，素质教育也应该是爱的教育，爱的教育就是帮助学生充分发展、实现自我价值、获得幸福人生的教育。

《爱是教育的灵魂》这本书是莘县二中携手山东四维教育，在素质教育方面共同探索与实践的研究成果。该书生动地诠释了莘县二中以爱育人、以人为本的教育理念和"情·理并融"的教学变革理念。"情·理并融"就是在教学中既注重信息技术的应用，也注重情感的渗透，将尊重、信任、关爱等积极情感注入教学全过程，发挥情感的独特价值。

本书通过系统、可操作的课程体系和生动翔实的案例，再现了莘县二中在国学教育、心理健康教育、家庭教育、课堂教学改革、教育信息化等方面进行的多维度创新与实践。学校在教育教学过程中，强调立德树人、家校合育，从理论到实践、从学校到家庭，对教师和家长进行全方位的引领与启发，以不同路径形成一种教育合力，抵达学生的心灵，给学生一份爱的滋养，为学生一生的幸福提供强大的精神力量。尤其是书中关于学校实施的"全员育人导师制""一五三"教学模式、阳光大课间、"学生成长式"主题班会等改革，为学校素质教育提供了重要的理论基础和实践经验。

《爱是教育的灵魂》真实呈现了莘县二中与山东四维教育在学校素质教育方面的共同探索与实践，是一本在学校素质教育方面具有较强借鉴意义的图书。希望这本书能够给读者一点启迪，并通过我们教育者的共同努力，为每一个学生找到适合的教育，帮助每一个学生构建健全人格、完善品格，最终使他们成为一个对社会有所贡献的人。

编　者
2019 年 5 月

目录 CONTENTS

第一编 国学教育 /1

何为国学？/1

国学之美 /3

国学的精神力量 /7

国学与生活 /8

国学的传承与创新 /11

现代教育与国学 /13

国学教育在学校教育中的应用 /15

国学进校园三部曲 /16

第二编 心理健康教育 /24

学校心理健康教育的意义 /25

教师心理健康现状 /27

教师的情绪管理 /29

教师如何应对职业倦怠？/38

如何走进学生的内心？/43

如何唤醒学生的内在动力？/48

关注留守儿童的心理健康 /53

心理健康教育案例分析 /56

心理健康教育在学校中的实践 /62

第三编　家庭教育 /70

家，是爱的源头 /70
如何营造良好的家庭环境？/73
教育，从尊重开始 /79
给孩子高质量的陪伴 /83
和青春期的孩子一起成长 /85
如何面对孩子青春期的"恋爱"问题？/88
亲子有效沟通技巧 /91
如何从孩子不良行为背后发现其心理需求？/95
家庭教育实用工具 /98

第四编　素质教育的多维度探索 /102

全员育人导师制 /102
"一五三"教学模式下的翻转课堂 /127
莘县振兴学校的分层走班制 /141
解决分层走班制问题的对策 /148
翻转课堂与"教研＋信息化" /153
"清晨励语"——激励学生的每一天 /162
别开生面的主题班会 /168
《成长记录》——记录学生的点滴成长 /180

结　　语 /194

参考文献 /196

后　　记 /197

第一编　国学教育

莘县振兴学校举办传统文化教育

何为国学？

《辞源》上说：国学，一国所固有之学术也。这个解释虽然简短朴实，却说到了重点。也有人称国学是"汉学"或"中国学"，泛指传统的中华文化与学术。近年来，"国学"这个名词已被大家接受和熟知。

国学教育是"人的养成"教育，因而是一切教育的基础。它不仅对学生有着良好的教育作用，也对提高教师的文化素养起着重要作用，同时通过学校文化的传播影响家庭和社会。

国学中蕴含着无穷的智慧，是古人留给我们的最宝贵的财富，国学起着稳定社会、健康身心的作用，具有塑造精神、滋养灵魂的力量。

国学大师季羡林说:"国学绝不是'发思古之幽情'。表面上它是研究过去的文化的,因此过去有一些学者使用'国故'这样一个词。但是,实际上它既与过去有密切联系,又与现在甚至将来有密切联系。"①

中国传统文化博大精深,它包括中国古代的思想、哲学、历史、地理、政治、经济、书画、音乐、术数、医学、星相、建筑等诸多方面。在这里单指对后人影响深远的文字,从《诗经》《大学》《论语》等经典作品到唐诗、宋词、元曲、明清小说都是后人取之不尽的珍宝,滋养人的心灵。

现代人生活水平普遍提高,对生活质量的要求也越来越高,开始讲究养生。目前大多数人的养生,还只是停留在身体健康的基础上,认为吃得健康一点,运动合理一点,就能够使身体健康。可是有多少人会注重对自己的精神滋养呢?

现代社会中人们生活紧张忙碌,在忙碌中,耗散神智。神志耗散,也就失去了身体健康的基础。那么,怎样养护自己的神智,如何让自己达到身心都健康的状态呢?

人除了注重自己的身体养生之外,更应该注重"养心"。中医说:"心者,君主之官也,神明出焉。"这就是《黄帝内经》讲的"主明则下安,以此养生则寿",整体就会平稳健康。

古人说:"善养生者,上养神智,中养形态,下养筋骨。"养生,其实就是不断地改变自己的思维方式和生活方式,塑造良好习惯,保持心态平和,以促进身心健康。

世界上有很多人拥有很多财富,可是他们并不幸福;也有很多人物质贫穷,却生活得很幸福,这是为什么呢?原因很简单——前者不懂得滋养自己的精神,后者却懂得给自己的精神滋补最好的营养。

那么,拿什么滋养我们的精神呢?答案就是——国学教育。

近年来,教育部关于弘扬传统文化的号召一经提出,立刻受到国内外中华儿女的热烈拥护。为什么呢?因为这个号召说到人们心里去

---

① 季羡林:《季羡林谈东西方文化(典藏本)》,49页,北京,当代中国出版社,2015。

了。至于弘扬什么，怎样弘扬，这就需要我们加以甄别与选择。

当然，学习国学要把其中的精华提取出来，剔除其糟粕，结合学校和时代具体情况发扬光大，以利于学校的发展和学生成长。

国学经典中，有不少东西可以说是中华文化、中华智慧的结晶，直到现在，不仅对中国人有着很大影响，而且影响着外国。2017年美国总统特朗普访华，两国元首夫妇在故宫茶叙听京剧，特朗普使用平板电脑向中国领导人展示其外孙女穿旗袍用中文演唱歌曲、背《三字经》和古诗的视频，之后视频广为流传，此举刮起浓浓中国风。

据报道，英国政府已将汉语课程纳入国民教育体系，并提出2020年英国汉语学习人数要达到40万。如今，中文教育已成为英国初中教育的重要内容之一。越来越多的英国人认识到，学习中文，不再仅仅是兴趣，而是增加一项重要技能，甚至可以提升自身在工作中的竞争力。

许多外国国家元首在演讲中也经常引用中国古书中的话。这足以证明中国文化已经深入世界人民心中，正如季羡林先生所说："国学虽然产生于中国的过去，却影响了中国和世界的今天，并将继续对未来产生影响。"这是我们作为中国人的骄傲。

国学之美

一、汉字之美

汉字有着悠久的历史，是一门神秘且美丽的艺术。它形美如画，音美如歌，意美如诗；它简洁、高效、生动，是最先进的语言文字之一；它是时间的纽带，让我们悠久的文明传承至今，璀璨如新。

相传，汉字是由仓颉所造。仓颉是黄帝手下的一名官员，深得黄帝信任，黄帝专门派他管理圈里的牲口、屯里的食物。仓颉做事尽力尽心，很快熟悉了所管的牲口和食物数量，可慢慢地，牲口、食物的数量逐渐增加，越来越多，光凭记忆已经记不住了。当时没有文字，更没有纸和笔。仓颉整日整夜地想办法，后来受鸟兽足迹的启发造出了汉字，以便"记数"和"记事"。仓颉造字的丰功伟绩惊天地泣鬼神，他被后人尊为"造字圣人"。据《淮南子·本经训》记载："昔者仓颉作书，而天雨粟、鬼夜哭。"

另外，民间也有"敬惜字纸"的说法，这都显示出汉字既神秘又神圣的地位。

有人用"横平竖直皆风骨，撇捺飞扬是血脉"来形容中国汉字，充分显示了汉字一字一世界、一笔一乾坤的特点和精神。

因为汉字是从象形文字发展而来的，所以每一个文字在被创造的时候，都可以体现我们中华民族的智慧。每一个汉字就像一幅生动的画，形象地表现出文字的内涵，每一个字的构造都代表了一层含义、一个道理、一种文化、一份精神。可以说汉字具有其他表音文字无法体现的意境和美感。

汉字有高度的概括性，很多汉字在英语中用一个单词是无法表示的。汉字还有一个优点，就是传承性和稳定性。比如，今天随便一个中学生可以直接阅读古文，阅读先秦诸子百家的著作。他可以跨越千年自在地阅读，可以直接和先贤进行思想对话。因为每一个固定的汉字都被赋予了一个相对稳定的意思。

汉字是世界上最美的文字之一。我们今天写下的一笔一画，都浸染着历史的传承；一词一句，都将在未来闪耀于世！我们应该心怀感恩并心存敬畏。

汉字是世界上最美的文字之一，汉语是未来最有生命力的语言之一。

二、唐诗之美

在中国古代文学史上，流传最为广泛的要算是诗歌了。在几千年的中国诗歌史上，唐代诗歌占有举足轻重的地位。唐代诗歌成就最高，诗人最多，诗歌可以说是唐代文学的代表。

唐代的三百年间，史上留名的诗人就超过两千，其中对后世有重大影响的也不下百人。

唐诗题材广泛。举凡宇宙人生、羁旅宴游、民生国计、边塞风云、春花秋月、鸟兽鱼虫……无一不可入诗。

唐诗风格多姿多彩。李白的飘逸，杜甫的沉郁，孟浩然的清雅，王维的冷峻，高适、岑参的悲壮……不胜枚举。

唐诗是一种语言艺术，语言的魅力在唐诗中得到充分的发挥。短短四句或八句，即能融入时空、远近、高低、情与景，将现实与虚幻熔于一炉。唐诗内容高度浓缩，内涵极其丰富。培养孩子从小读一些唐诗，对陶冶情操、增长知识、提高语文素养都大有好处。

有人说，唐诗是一个王朝的韵律，一种文明的节拍，一缕照耀后世永不褪色的光芒。

唐诗之所以流传千古，经久不衰，其主要原因是它有意境与韵律之美。下面我们一起来欣赏一首唐诗。

黄四娘家花满蹊，千朵万朵压枝低。

留连戏蝶时时舞，自在娇莺恰恰啼。

读杜甫的这首《江畔独步寻花》，仿佛看到"千朵万朵"沉甸甸的花把枝条都压弯了，花枝上彩蝶蹁跹，"留连"不去，而这时，一串黄莺动听的歌声将沉醉花丛的诗人唤醒。这首诗的意境优美，景色形象生动，历历在目，仿佛自己也走在千年前成都郊外那条通往"黄四娘家"的路上，和诗人一同享受那春光给予视听的无穷美感。

唐诗，连同整个唐朝都充满了诗意与浪漫。正如知名作家蒋勋所说："唐诗里有一种灿烂与华美。"

三、宋词之美

词，兴于隋唐，极盛于两宋。宋词以其高超的艺术成就与唐诗、元曲相互辉映，成为我国诗歌史上的一朵奇葩。

宋词取材广泛，几乎涉猎社会生活的各个方面。怀古思今、爱国忧民、惜别宴饮、风花雪月、边塞游吟、友爱亲情等无一不可入词。

宋词风格异彩纷呈。柳永的浅吟低唱、苏轼的纵横豪放、李清照的婉转清爽、辛弃疾的壮志悲歌，都给人以美的不同感受，处处蕴含着中国传统文化的精华。

关于宋词，一位文学史家有一句很美的描述：宋词像一种织锦，把很多不同颜色的线编织在一起。这样形容，是因为宋词常常会给人各种不同的感官效果。

对后人影响较深的词人苏轼，他的《水调歌头·中秋》堪称宋词经典中的经典。

明月几时有？把酒问青天。不知天上宫阙，今夕是何年。我欲乘风归去，又恐琼楼玉宇，高处不胜寒。起舞弄清影，何似在人间？

转朱阁，低绮户，照无眠。不应有恨，何事长向别时圆？人有悲欢离合，月有阴晴圆缺，此事古难全。但愿人长久，千里共婵娟。

全词无论文采、思想还是哲理等都堪称完美。这首词意境豪放、高远，情怀乐观而旷达，对明月的向往之情，对人间的眷恋之意，以及浪漫的色彩、潇洒的风格和行云流水一般的语言，至今给人们以美的享受，被后人广为传颂。

四、元曲之美

元曲又称夹心，是盛行于元代的一种文艺形式，包括杂剧和散曲，有时专指杂剧。杂剧在宋代是以滑稽搞笑为特点的一种表演形式，元代发展成戏曲形式。散曲内容以抒情为主，有小令和散套两种。它原本来自少数民族音乐，首先在民间流传，被称为"街市小令"或"村坊小调"。

《天净沙·秋思》是马致远创作的小令，短短28个字，意蕴深远，结构精巧，无疑是元曲中的经典之作。

枯藤老树昏鸦，

小桥流水人家。

古道西风瘦马，

夕阳西下，

断肠人在天涯。

读这首小令，我们可以想象，夕阳下，人烟稀少的古道，一个失意的游子牵着一匹疲惫的瘦马，走在寂寥的古道上，那种落寞与孤单，想想都透着一股忧伤。

五、明清小说之美

明清时期是中国小说史上的繁荣时期。中国四大名著《红楼梦》《三国演义》《水浒传》《西游记》均出自明清时期。

四大名著在中国文学史上有着至高无上的地位，被称为中国文学史上的四座丰碑，同时也是世界的宝贵文化遗产。其中的故事、场景、人物深深地影响了中国人的思想观念、价值取向等。明清小说无论从思想内涵还是从题材表现上来说，都最大限度地包容了传统文化的精华，使传统文化以生动的形象和感人的故事走进了千家万户。

翻开厚重的古典书籍，走进有五千年历史的中国传统文化，我们看到的是中华民族最深沉的精神追求，是民族文化的美与智慧。

国学的精神力量

古诗词给我们无限的想象空间，其意境无穷，让人感受到生活之美、文字之美。与诗词为伴，平淡的生活充满了诗意浪漫。经典给我们无穷的智慧：老子用五千来字写出的《道德经》，句子短小，却饱含真理；《论语》中孔子与弟子们的言行告诉我们人生的大智慧。唐诗、宋词、元曲、明清小说带给我们对美与生命的感动，滋养我们的心灵。经典作品都有一种特殊效力，就是可以给人无穷的力量和精神慰藉，也许它本身的文字会被忘记，却把种子留在了人们心灵深处。当我们焦虑、彷徨、难过的时候，读读诗词、读读经典就会让我们平静，能够让我们在浮躁的世界里静下心来。

在当今这个快速发展的时代，商品经济的快速发展，给我们带来了丰富的物质生活。但人们在追求物质满足的同时却迷失了自己的灵魂。似乎有更多的人成为精神家园的流浪者。尤其是青少年，面对纷繁复杂的世界，更多的是一种迷茫和麻木。这就需要教育给他们的人生观、世界观、价值观以正确引导。

国学教育能够给孩子的精神世界添砖加瓦，帮助孩子重建一个美好的精神家园。国学经典为孩子指引人生方向，医治他们心灵的空虚，对祛除现代社会带来的诸多弊端诸如精神的苦闷、信仰的缺失、道德的沦丧，都有极大的好处。

在中华五千年悠久的历史中，国学经典教化出中国人敦厚、挚诚的品性，使中国人体悟到了逍遥、洒脱的人生态度。国学不仅成为我们精神世界的一块瑰宝，更造就了中华民族的善良质朴……

在先秦时代，《诗经》无疑是经典，《诗经》是中国古代诗歌的开端，先秦诸子如孟子、荀子、墨子、庄子、韩非子等人在说理论证时，多引述《诗经》中的句子以增强说服力。因此孔子说：不学诗，无以言。

大家对 2017 年参加央视《中国诗词大会》第二季总决赛并一举夺冠的武亦姝印象深刻，这个 17 岁的姑娘把陆游、苏轼、李白封为自己"三大偶像"。她在节目中说，读苏轼的诗，我们学会"根据人生境遇调整心态"，因此读东坡诗词会让人心胸豁达。苏轼豁达的人生观也让人有勇气面对各种人生挑战。

武亦姝的这段话，在本质上展现出了以古诗词为代表的国学对人的精神和品格的锻造。其实，这应该是国学教育在中小学教育中应该发挥的最基本、最本质、最核心的作用。

当然，学习国学也能使学生的写作能力、语言表达能力、记忆能力、阅读理解能力都有所提高，能为学生一生的学习奠基！

如今国人以正面、开放的态度呼唤国学，国家把弘扬传统文化作为国策，确实振奋人心。近年来，"国学热"遍及大中小学，然而很多学校都很困惑，国学全面进学校要怎么做？

国学"素读"创始人陈琴老师认为，要真正恢复国学，还有相当长的一段路要走。陈琴老师不认为自己是在"教"国学，而是在带孩子们读几本有关中华民族的历史书，几本作为这片国土上的公民必须读的书而已。

我们如果能够带着孩子好好地读透老祖宗留下的几本书，悟透他们的人生智慧，护住我们的主要根系，或许几十年后，国学能真正作为一门必修课程得以独立。

我们现在能做也必须做的，就是从自己开始，把国学经典捧起来，读起来，用传统文化修养自身。

国学与生活

诵读国学经典最明显的实效，就是能让学生把典籍里的做人道理带入自己的生活。

一位一直带领学生读国学的小学老师说，她班里有个孩子，一年级入学才两三个月，有一天碰到小区里的两个邻居为一点小事争吵不休，甚至要大打出手。他站在阳台上大喊："'无辞让之心，非人也；无是非之心，非人也；无羞恶之心，非人也。'这么大的人还吵架打架，你们羞不羞呀？"这个孩子的母亲每当说起这件事就自豪满满。

她班里还有一个孩子，在说起中国食品安全问题的时候，自然地说，那些生产地沟油、三聚氰胺牛奶的人，是没有读过《大学》的人，读过《大学》的人绝对不会做的，《大学》告诉我们"仁者以财发身，不仁者以身发财"。这就是学习传统文化对孩子的潜移默化的影响。

国学教育在中国延续了数千年，充分证明了它是一种行之有效的教育方式。

学习国学可以培养学生对祖国的热爱之心。学生们通过学习国学知道了中国传统文化的博大精深。有个学生说："从小学起，老师就要我们爱国，我们感觉很空洞，学习了传统文化，让我们知道祖国真的值得我们去爱！"

学习国学还可以引导文化自觉，成就君子风范。男孩子读国学能教会他做一个正直的男人、一个顶天立地的男子汉；他的思想像大海一样深邃，他的心胸像天空一样开阔，他绝对不会为了一点小是小非而斤斤计较，更不会因为一点小事就闷闷不乐，甚至自杀、杀人。女孩子读国学能教会她像水一样包容。上善若水，水善利万物而不争，教会她自尊自爱、善良明理。

有一位家长分享了学习国学带给孩子的改变，她说，学习国学给孩子带来的改变是方方面面的。

第一，国学让孩子懂得孝顺父母。

我和女儿看电视时看到一则新闻说，有个中学生跳楼自杀了，孩子看到这里对我说："妈妈，自杀是一种最不孝的行为，《孝经》上说了，'身体发肤，受之父母，不敢毁伤，孝之始也'。"

她接着说："他死了，他的爸爸妈妈怎么办呢？"我连忙点头说："是啊，每个人都不是独立存在的，身边还有自己的父母、兄弟姐妹、爷爷奶奶、姥姥姥爷。他死了，他的亲人会很伤心，这就是不孝的表现。"

孩子从此知道，爱惜自己的生命，就是爱家人、孝顺父母的最好表现。

第二，国学让孩子不抱怨。

有一次，我和孩子谈论找朋友的问题。她问我，怎么才能认识到自己喜欢的朋友呢，我说你自己是什么样的人就能吸引什么样的人。她马上说明白了，《易经》上说了，"同声相应，同气相求"。

孩子能够活学活用，马上联想到自己的生活。知道很多事、很多人都是自己不尽如人意的，从而对人和事少了很多抱怨。

第三，国学教孩子体谅别人。

有一次我带女儿和她弟弟在超市买菜，在路上碰到了一个邻居在路口摆摊卖菜，女儿说："我们别去超市了，就买这个阿姨的菜吧。天这么冷，她的菜还有很多卖不了，怎么办？《朱子家训》上说了：'与肩挑贸易，勿占便宜；见贫苦亲邻，须多温恤。'"学习国学，培养了女儿善良的品质，学会体谅别人。

第四，学国学让孩子学会反思。

记得周国平先生曾说过："每个孩子天生就是哲学家。"他们很明白，很通透，对很多事情的观察和体会比我们要深刻得多。还有他们的领悟能力，也是我们很吃惊和无法企及的。

有一天我带女儿去幼儿园接她弟弟，我刚刚给她买了一个电动橡皮擦，她虽然很喜欢，但是一见到弟弟就顾着和弟弟玩，把橡皮擦放在地上忘了。等想起来时，看到幼儿园里的一个小孩正拿着她的橡皮擦，她马上跑过去了，那个小男孩举着一个小的橡皮擦说："你的橡皮掉了。"

回家后，她问我是不是人越长大就变得越不好了。我问怎么了，她说她接弟弟时，以为那个小男孩要拿她的橡皮擦，其实，那个小男孩是发现她的橡皮擦上掉了一个小配件，才捡起来递给她的，她却认为那个小男孩要拿自己的橡皮擦。是她不"善"了，而不是那个小男孩。国学让女儿学会了反思自己。

第五，学习国学可以提高人的综合素质。

学习国学可以让一个人的气质变得非常好,这就叫"腹有诗书气自华"。女儿小时候并不是很漂亮,可是现在无论走到哪里,却让人感觉气质不俗,假设女儿不读书,就不会有这种高雅的气质。

女儿学习国学到现在很多年了,各方面变化非常大,我有非常深的感受。我可以给大家讲一个故事。

有一天,她问我一道数学题,我也不会,就让她去找老师。

中午回来,她说老师也不会。我不会,老师也不会,但是第二天,孩子回来告诉我,这道题解决了。我很惊奇,问她是怎么解决的。

她说,她把同年级各个班的数学尖子生,共二十多人,集中在一个房间里共同研究,找到了四种不同的答案。

一个七年级的孩子能够把这些学习尖子集中到一起,共同研究一个课题,当时我的心里感到,这孩子真是了不起。

她的这种学习热情和状态让人非常吃惊,这是我非常愿意看到的结果。

还有更重要的是,通过学习经典,我们的家庭更和谐、更温暖了。很多人喜欢去我家,因为在那里能感受到一种温暖、幸福、和谐的气氛。学习国学,能给我们带来和谐、幸福的家庭环境,这是大家都感觉得到的。

国学的传承与创新

德国诗人歌德说过:"读一本好书,就等于和一位高尚的人对话。"中小学生学习传统文化中的经典,就是在和古代圣贤对话。文化经典流传千年,成为我们全人类共同的宝贵财富,供我们一代一代传承下去。

清代袁枚有一句充满禅意的话:"书到今生读已迟。"这句话的意思是说,阅读经典书籍从今生开始已经太晚了,这句话源于关于宋代大诗人黄庭坚的传说。

黄庭坚22岁得中宋朝的进士之后,被朝廷任命为知州。有天他午睡,梦见一个满头白发的老婆婆站在一家门外的香案前,桌上供着一碗芹菜面，口中喊叫人的名字。黄庭坚走近前去，看那碗面还热气腾腾，似乎很好吃，他不由自主地端起来吃了，吃完回衙，一觉醒来，梦境清晰，嘴里还有芹菜的香味，但他以为做梦而已，并未在意。

次日午睡，他再一次做了这个梦，于是大感奇异，就起身沿着梦中的道路走去。走到梦中的门外，敲门进去，看到了梦中的老婆婆。得知昨天是老婆婆女儿的忌辰，老婆婆喊女儿回家吃面，黄庭坚问老婆婆女儿死去多久了。老婆婆说已经22年了。黄庭坚心想，自己正是22岁，昨天也正是自己的生辰。遂再问她女儿在世时的情形，家中还有些什么人。婆婆答，她只有一个女儿，女儿在世时喜欢读书，信佛吃素，到22岁时生病死了。于是黄庭坚要求去看看女孩的房间。走进房里看到靠墙有一个大柜，打开书柜发现他每次试卷的文章全在这里，而且一字不差。于是，黄庭坚明白自己就是老婆婆的女儿转世，然后回州衙带人来迎接老婆婆并奉养终身。

这个故事虽然是个传说，但是蕴含了一个道理：一个大文学家的产生，不只是一生一世的事情；传诵千古的经典作品，往往是经过累生累世的反复酝酿而成的，经典需要代代相传，血脉相承。

心理学有个概念叫潜意识，如果把一个人的认知系统比作海上的一个岛，海平面以上显露出来的就是这个人的意识，海平面以下的部分就是潜意识，巨大的海床就是集体潜意识。

一个民族有一个民族的集体潜意识，他们有共同信奉的图腾、共同的文化和信念。如果一个民族长期被一种意识形态所引领，那么这个民族的绝大多数成员的内心都会充满这种意识背后的能量。

中国文化自殷商进入初创期，至春秋战国时期诸子百家得以发展，经过各个朝代的传承与发展，绵延几千年，成为整个民族的文化基因和集体潜意识。

中国人当年抛弃文言文，固然是为了打破传统的枷锁、挣脱传统的束缚，但与此同时，我们也抛掉了传统文化中许多有价值的精神资源。当无数的传统语词（及其背后的义理系统）淡出人们的视线，退出人们的日常生活，随之失落的就是几千年来无数中国人曾经安身立命的那个精神家园。文化的断层，使得集体潜意识中传统文化的能量日益减弱，造成前所未有的文化危机和信仰缺失现象，所以习近平总书记多次强调文化复兴，回归传统，就是为了延续传统文化。

阅读经典是传统文化之路，是民族文化觉醒的开始，是创建和谐社会的必由之路。如果社会上多数人的内心和谐，社会就和谐了。

内在的觉醒，才是真正的觉醒。

但无论是什么形式，每一个族群教给下一代的最重要的事情，就是教他做一个什么样的人，亦即给予他正确的人格教育。

现代教育与国学

新华网曾于 2015 年 4 月 6 日发布过这样一则新闻：《四年级小学生将催交作业老师打住院，曾殴 4 名老师》。

《中国青年报》在 2017 年 11 月 15 日刊出《弑师案发生了 我并不想借此批评应试教育》一文，文中提到："湖南沅江某中学发生一起命案，高三学生罗某某在与班主任鲍某产生冲突后，持随身携带的弹簧刀刺向对方，致其死亡。"

一系列师生关系的恶性事件，让人痛心、震惊甚至寒心。有人发问：我们的教育怎么走到了这个地步？更多人将矛头指向学校：学校教育出问题了，教师没处理好，学校管理不行……

最近，网上的一个帖子火了，网友抱怨自己 10 岁的小侄子。

这个小侄子不仅成绩优秀，奥数、围棋、轮滑各种业余爱好也出类拔萃，小侄子觉得自己太优秀了，嫌弃父母配不上如此好的自己。

小侄子说自己的父母太穷，只开得起十几万元的丰田车；他的同学都拿着最先进的手机，自己却只有儿童手表。

他的成绩总考第一，才艺出类拔萃，然而，就是如此优秀的孩子，竟因觉得自己优秀而嫌弃父母，真实上演了一幕"狗嫌家贫，儿嫌母丑"的闹剧。

"我努力优秀，是为了早日脱离无知无能的原生家庭。"这是这位考第一的孩子的价值追求。

父母爱孩子是本能，中国很多父母都是以儿女为中心活着的，付出的太多，孩子却觉得理所当然。

自己亲手养大的孩子，自己当成"心头肉"的孩子，长大后却成为榨干自己、嫌弃自己，甚至仇视自己的"白眼狼"，这让操劳了一生的父母感到彻骨的冰凉。

我国传统文化源远流长，其核心即中华传统道德文化。中国传统文化教育智慧的精髓，旨在让孩子先立君子之德，再谈丈夫之业。这种经过中国几千年历史证明有效的教育智慧，为孩子树立高尚的人格和志趣基础是教育中最重要的。

回顾中国历史，孔子弟子三千，有七十二贤，他的教育思想被世界所瞩目，王阳明先生的弟子也遍布天下。那么，我们的先贤是如何做教育的？孔子认为道德是推动历史的主要力量，《礼记·大学》里也说："德者，本也。"王阳明先生认为，教育的本质不是传授知识而是唤醒良知。古代先贤无一例外都强调德行与做人，而我们现代的教育正好相反，过多地重视传授知识、技能，而缺乏道德教育，缺乏做人的教育，这种教育的结果就是我们培养了一批学习的机器。

轰动全国的"马加爵杀人案""付成励弑师案""药家鑫撞人杀人案""复旦大学林森浩投毒案"等恶性事件中的这些大学生，我们不能说他们成绩不优秀、没有知识，可是他们的人生是迷茫的，他们的良知被蒙蔽了。当然，我们也不能说他们就是天生的坏人，是我们的教育没有注重去唤醒他们的良知，没有注重培养他们良好的道德品质。

王阳明先生认为，即使罪犯也是有良知的。有一次王阳明抓来一个强盗头子，不想这个人还有点见识，听说过王阳明的"致良知"学说，就嗤笑王阳明："王大人，你说人人都有良知，我却不以为然。我已经没有良知了！"王阳明也不解释，让手下给这个土匪脱了上衣，还要脱最后一条裤子，强盗头子慌了，求道："大人，留条裤子吧！不然怎么见人啊！"王阳明笑了说："你还有羞耻心，说明你还是有良知的啊！"这个故事说明良知人人都有，就看我们如何去引导。

复旦投毒案凶手林森浩在法庭上的最后陈述中说："当我还在自由世界里的时候，我在思想上是无家可归的。没有价值观，没有原则，无所坚守，无所拒绝。头脑简单的人生活在并不简单的世界里，随波逐流，随风摇摆，兜不住的迷茫。要成为一个什么样的人，对我而言，是很不清晰的……"没有信仰、没有正确的价值观、没有人生的方向，这是现代教育的不良后果。

孩子认识世界的过程是一个从简单到复杂的过程。"做人"从字面上看，是一个让人觉得抽象、难以具体化的概念，因此，要想把良好的道德观念和品质植入孩子的脑海中，需要教师和家长身体力行，需要教育者明确告诉孩子应该做什么、不应该做什么。

当然，在孩子的成长过程中除了接受教师和父母的影响，还会接受来自书本的正确认识。随着年龄的增长，读书会增强他辨别是非的能力，通过读书逐渐学会区分善与恶、辨别美与丑，自觉抵制各种不良行为。

钱穆先生在其《中国历史上的传统教育》一文中讲到，中国传统教育的主要意义"并不专为传授知识，更不专为训练职业，亦不专为幼年、青年乃至中年以下人而设。此项教育主要对象，乃为全社会，亦可说为全人类。不论幼年、青年、老年，不论男女，不论任何职业，亦不论种族分别，都包括此项教育精神与教育理想之内"。

诚然，世界是一个整体，品德教育是全人类的必修课。

国学教育在学校教育中的应用

严格意义的国学教育主要指读经，即对"四书五经"及蒙学读物的学习。至于广义的国学教育，还可以包括传统的史书、子书及诗词散文等文学读物。民国初年的学制改革主要针对的是前者，而现在提倡的国学教育则是后者，即包括读经在内的传统书籍的阅读和教育。

以读经为目标的国学教育，在中国延续了数千年，充分证明了它是一种行之有效的教育方式。数千年来，传统文化一直能够保存和延续，乃至使中华民族居于世界的领先地位，这样一种教育方式显然是功不可没的。因此，时值中华民族伟大复兴的关键时刻，如何以有效的方式传承中华文明，并加以发扬光大，以读经为主体的传统国学教育显然是一种必要的方式。

不仅中国有着这样一种复兴传统文化的内在需求，世界各主要强国在其崛起的过程中，都伴随着自己民族文化的复兴。因此，要实现这样一个目标，开展传统的国学教育无疑是最有效的方式。

在《大家访谈大国崛起，国学教育何为》一文中，柯小刚教授建议小学阶段除了在语文课本中学习诗词和古文之外，还应该加强书法、传统音乐、武术和射礼的内容。中学阶段应把古文内容从语文课本中独立出来，专门设置古代汉语和经典阅读课程，作为高考必考科目。实际上，在西方国家的中学，古希腊文和拉丁文（西方古典语文）就是独立的课程。内容方面，除了从文学角度选取古文和诗词之外，中学古文课程还应该选取思想性较强的四书五经、史书、诸子篇章。大学各专业应该加强中西方古代经典的跨文化通识教育，不但读中国古典，也应该读一些西方古典。中小学国学内容可以从三个视角来考虑：一是学生成长的需要和兴趣；二是适合青少年学生学习的中华文化精髓；三是青少年面对的社会文化环境及其成长挑战。

国学进校园三部曲

"传统文化进校园"古琴表演与学习

国学教育如何进校园,目前大家都在探索阶段,我们认为国学教育是体制内学校教育的补充和完善,不是体制教育的叛逆者。我们应该立足现实,找到一条通向理想教育的路径。体制内教育,不可能颠覆办学机制与模式;学校的现有情况,不允许我们从课程体系到教学模式像私塾那样去设置、实施。我们只能走中间路线。

对于国学教育,我们更愿意定义在教育的范畴之下,我们的着眼点在教育,而不是单纯的国学教育,国学教育只是我们教育的课程体系中的部分,而不是全部。当今的时代,我们必须接受、学习西方的科学文明。我们的课程体系还包括数学、科学、英语、艺术等。如果孩子不学习这些课程,他就是"跛脚"的、"不健全"的,不能和世界同步的。所以,我们的目标就是:让我们的孩子具有中国精神、世界视野!

国学教育在塑造孩子精神、人格方面,有着其他课程无法替代的作用。儒家文化讲究修齐治平,在孩子优良品行的雕琢、社会责任的担当、崇高理想的塑造上,有着无与伦比的优势。这些都是人类美好的价值观,只要人存在,只要教育存在,就需要这样的文化。我们追寻教育之道,很自然就会追寻到中国传统文化。

我们的教育课程体系中,需要国学教育。体制教育之所以备受诟病,就在于它对于人格教育的漠视与无助。所以我们在体制教育内采取了三个步骤——晨读、午修(静坐练习)、暮省,让国学教育进入校园。

一、晨读

(一)什么是晨读

晨读:每日早自习诵读经典20分钟。在经典中汲取精神营养,学会为人处世之道,提升人生境界。

晨读是一种仪式,一种师生共同穿越诗歌与经典,享受生命,开启新的一天的仪式;它是一种氛围,一种教师与学生一起朗诵、一起感受、一起激励的氛围;它还是一种积累,一种对经典、对优美语言文字的积累。

(二)如何进行晨读

1. 晨读的时间

每天早自习的 20 分钟。

2. 晨读的内容

(1)"清晨励语"。

(2)一首古诗。

(3)经典诵读。

老师会在每周对于晨读的内容有一个统筹的安排,各班要在黑板一侧开辟"日有所诵"专栏,将每月的诵读内容记录下来,让学生们心中有准备,视觉能看到。

3. 晨读的形式

(1)"清晨励语"。用一段励志语开启黎明,为每一天注入生命的源泉。让学生的灵魂、精神因励志语充满希望与激情。让晨读唤醒的不只是黎明,还有学生们的动力,为学生的每一天注入生命的源泉。

(2)一首古诗。当我们细细品读后,我们可以感受到诗歌的魅力。这样的诗,不仅是一首诗,而是一天、一周的诗。选择诗歌要适合学生的年龄特点,适合班级学生情况。

(3)经典诵读。一般在一个学期,选择一部作品来读,不经常换,读书百遍,其义自见。一个学期,只读一部经典,让这部经典深入学生的心中,而不是脑中。

4. 如何晨读

(1)读正确:在诵读之前,我们切记不要一上来就让学生齐读,可以采用自由读或者教师范读,还可以由班内诵读好的学生先来范读,力求在学生脑海中一开始就产生正确的印象。

(2)读通顺:在读正确的基础上,我们要让学生读通顺、读流利,在这时就要保证充分的诵读时间,单一的多遍反复诵读难免会让学生有倦怠感,所以我们要变换各种形式来读,比如,角色互读、打节奏读、个体读、小组读、唱读、问答读等。

角色互读很常用,我们可以用 PPT 不同的颜色标注,或者在黑板上用不同的符号标注,如用三角表示男生读诗,圆圈表示女生读诗，五角星表示大家一起来读。

(3)读出美感：就是要用多种方式唤起他们的共鸣与想象。我们可以通过"音乐渲染""画面刺激""激情表演""问题引发"激发学生由淡变浓的阅读情感，循序渐进地引导学生的认识由浅层进入深层。通过律动，让学生读出诗歌的节奏美、韵律美。

学生手中都有一个晨读本，学生可以抄一抄诗歌，绘一绘诗中的画面和诗意，每过一周或更长一段时间进行一个晨读诗的小汇总，有的诗歌适合表演，那我们就举行一次诗歌诵读会，对于学生而言，这既是诗歌的积累，又是展示自我的平台。

(三)晨读的流程

"清晨励语"——一首古诗—经典诵读。

晨读的一般流程是：每天首先是晨间(励志语)开启黎明，接着每天一首古诗，然后诵读今天的经典片段(如本学期读《大学》)。

(四)晨读注意什么

诗歌的晨读不同于语文学科的诗歌学习。语文学科强调学生对诗歌知识与技能的精确掌握，对文本的准确理解；而晨读重在强调学生对文本的感受，重在兴趣，涵养性灵。经典不在于背多少，而在于有多少内化为自己的观念和行为，晨读重在经典对生命的滋养，强调的是学生的精神状态。

晨读诗歌的选择与操作要尽量与学生的学习生活实际相结合，要考虑到学生的年龄和学段特点，考虑到本班学生的生活经历和阅读经历，符合学生的心理特点。要有文化传承感和使命感，选材时要有一定比例的经典作品。过于频繁地改写经典诗歌是不妥的，这样会使学生逐渐缺乏对经典诗歌的敬畏。

晨读的诗歌不强求学生背诵，它注重的是"诵"，而非"背"。教师不要刻意让学生背诵，一些经典诗歌，学生自然能熟读成诵。

个体读及共读的合理安排：晨读根据内容合理采用个体读及共读。每个人轮流领读，让每个孩子亮出自己的声音，感受自我的存在。但不要把它变成表演读。

建议每个学生都能有一个晨读记录本，这是对自己学习生活中的宝贵积累与财富。

保证诵读时间。每天早晨课前20分钟为全校统一固定诵读时间，由各班语文教师带领学生诵读，与学生一起诵读。

对于学生的诵读水平，主张表扬先进，但不批评后进。按照中间学生的水平，推进进度。不给学生压力，以学生的兴趣、能力为准。

学期末对国学经典教学效果检查验收并表彰一批"国学经典诵读能手"。各班在自评自查的基础上推选申报"国学经典诵读能手"，学校对申报的学生进行审批并表彰。

最后，我们要说的是晨读是日常的课程而不是偶然的表演，晨读是岁月的积淀而不是一堂课的作秀，晨读强调当下的感受而不是机械地记忆。

二、午修（静坐练习）

(一)什么是静坐

静坐，就是静静地坐着。静坐可以澄清思虑，增进健康，是修养身心的一种重要方法。静坐可以纯净思想，提高学习效率，提升生命能量，增长智慧。

(二)为什么要静坐

只要静下心来，放松身体，就有几分的安定、平静感，这份平静感可以继续深化，可以清除身心烦热、忧恼，一时练习就一时受益，经常练习就经常受益。

(三)静坐有什么好处

静坐不但在生理方面可以使血液运行顺畅，就是在心理方面也能使全身精神归于统一集中，促进心理的健康发展。心理学家捷普洛夫也说过："抱着一种平静的态度，是与注意的分散做斗争的唯一方法。"同时心理既安宁而正常，思想也清明而愉快，自然又能促使体气和平，身体健康。

此外，一般心理学说所研究到的，不外乎心的现象、心的作用和心的变化等，而对心的本体、心的来源以及安心制心的具体方法，却终不能有确当的说明。假使通过静坐，使意识的活动逐步停止以后，这时心理的静态清楚地显现于前，必将有助于个体创造性的发现！

另外，静坐还有以下好处：减少焦虑、紧张、不安、恐惧、压力；减少身体的疲倦感，改善睡眠的品质；身心轻松，减少身心疾病；做事更专心、细心、冷静、勤快；待人更有耐心、爱心，与人相处更融洽；思考更有条理、精准；头脑更清晰，记忆力更好，创造力更强；减少偏狭的、闭塞的思考方式，更能全方位的思考问题；逐渐清除坏习惯，建立良好的生活习惯。

(四)如何静坐

跟随静坐词和音乐的引导，静静地感受自己的呼吸。

静坐词

现在请大家选择舒适的坐姿，坐在自己的位置(椅子)上，腰背挺直，轻轻地闭上双眼，随着美妙的旋律，逐渐放慢我们呼吸的节奏，放松我们的面部表情。请舒展眉心，嘴角微微上翘，挺直腰背，放松双肩，放松双臂，让脊柱向上无限延伸。聆听着轻柔的音乐，让我们一起走进快乐安宁的世界。抛开所有的紧张、烦恼，我们的心变得平静、祥和。让我们一起来用腹式呼吸。请先收紧腹肌，将身体里所有的浊气排放出去，然后，用鼻子慢慢地深深地吸气。让新鲜的氧气通过鼻腔、喉咙，下压横膈膜，直接送进小腹处，感觉小腹向着脊柱、腰椎方向慢慢地回缩，感觉体内所有的浊气、二氧化碳全部排出体外。请将注意力放在你的呼吸上，配合自己的呼吸频率做3～5次腹式呼吸，让我们用心去体会这一呼一吸，吸有多长，呼就有多长。吸气时，感觉宇宙之间所有的能量慢慢地进入体内每个角落，滋养我们身体的所有细胞。呼气时，感觉体内所有的毒素、不快乐的情绪统统被排出体外。好的，现在请调整为自然呼吸。现在你的呼吸变得均匀、顺畅、自然，你心无杂念，仿佛进入绿色的大草原，阳光透过云层，散落在你的身上，蔚蓝的天空，微风轻轻地吹过，在微风的爱抚中，静听鸟儿愉悦的欢唱，一群悠闲的马儿、羊儿在吃草。远处潺潺流水的响声，让我们进入忘我的仙境。很好，现在请慢慢睁开你的双眼，感受一下眼前明亮的世界。

三、暮省

(一)什么是暮省

暮省，指的是学生每天完成一天的学习之后，思考和反省自己一天的学习和生活，并且以日记的形式记录下来。这种自我反省非常有益，师生之间可以通过这种方式交流、沟通、回应。对于促进学生的学习、维持同学之间的友谊、解决师生冲突和生生冲突以及规划个人生活都非常重要。

(二)暮省的要求

学生每天晚上睡前写随笔，反省自己一天所学、所思、所悟。坚持"日行一善，日跑一千，日劳一事"的"日省三事"活动。提醒自己做好人、做好事、持之以恒，让反思成为学生的日常生活方式(字数不限，体裁不限，要求真情实感)。

要求教师尽量以正面的语言积极回应，做出反馈。

"行动就有收获，坚持才有奇迹"，坚持记录自己的生活。在这个意义上的暮省，其实更强调意志的训练。意志的训练虽然重要，但是暮省的方式方法同样也非常重要。

在暮省活动推出之初，或许学生的随笔往往带有明显的作文倾向，教师也以作文的要求来评价学生的随笔，而没有将之视为一种共同生活的方式。随着活动的改进，越来越多的教师开始自觉地引导学生把随笔和日记视为"三省吾身"的生活方式，作为反思自己的重要形式，并利用师生共写随笔，参与学生的成长，引领学生走向自主与成熟，学生随笔也会逐渐丰富。

让学生养成反思的习惯无疑是暮省的重要价值。如果能够让日记伴随自己的人生，能够坚持记录自己的生活，反思自己的行为，每一个人都可以做得更好。[①]

(三)暮省的好处

暮鼓晨钟，晨诵暮省，能够给学生许多心灵的震撼。教师与学生共同书写是一种享受，彼此之间相互传递着快乐和智慧是一种幸福。

---

① 朱永新：《暮省：让反思成为学生的日常生活方式》，载《教育科学研究》，2009(4)。

通过写作暮省日记，不仅可以让学生养成反思的习惯，还可以提高写作能力，增进师生感情。

晨读、午修、暮省是国学教育进入校园的载体，通过晨读、午修、暮省，让学生走进国学、了解国学，丰富学生心灵，提高个人道德修养，培养学生积极的生活方式，养成良好的生活习惯和行为规范，学会反思，让学习国学成为一种生活方式。

晨读、午修、暮省是通过一种整合的生活方式，并结合学科课程的学习，把对一个人一生有用的东西教给学生，让教师与学生能够真正过上一种幸福完整的教育生活。

第二编　心理健康教育

　　心理健康是幸福感的来源。只有拥有阳光心态的人，才能积极地面对人生的各种困惑，才能处理好生活中的困难和挫折。每一个人在生活中都会遇到不同程度的不如意，对待事情的态度不同，结果也会不同。如果内心总是灰暗的，人生岂能美好？

　　心理健康是人生发展的基石，也是素质教育的基础。学校在实施素质教育的过程中，如果缺少心理健康教育，那么这个素质教育就是不完整的。

　　学校心理健康教育是以心理学的理论与技术为主要依托，并结合学校日常、教学工作，根据学生生理、心理发展特点，有目的、有计划地培养师生良好的心理素质，开发心理潜能，进而促进师生身心和谐发展和素质全面提高的教育活动。人的心理状况可以分为两种：正常心理和不正常心理。

　　教师的心理健康会影响自身的工作效率和发展，在很大程度上也影响着学生的心理健康和身体成长，更会影响到师生之间的关系。因此，重视教师的心理健康问题尤为重要。

　　学生的心理健康在他的一生中起着非常重要的作用。在学生成长的过程中，每一个阶段都会有心理变化，这就需要教师引导他们学会调节自己的心理状态。

　　心理健康教育是培养学生良好心理素质的教育，它可以告诉学生如何处理人际关系，学会对自己和外部世界全然接纳，可以培养学生快乐的能力，学会以辩证的眼光看待他人和自己，学会用不同的视角去观察问题，以善意的、自在的方式获得良好心态，保持豁达的生活观。一个人的心理健康是人格健全的基础，如果心理不健康，即使品格再高尚、学识再渊博，也无法拥有一个幸福的人生。

那么，学校心理健康教育的重点是什么？有的人认为，心理健康教育就是帮助不健康人群的；有的人认为，心理健康教育就是帮助学校解决一些突发的状况或者棘手的问题，如学生辍学、打架、攻击等行为问题。其实，心理健康教育不仅帮助"问题学生"，更多的是帮助健康的教师和学生。

现在学校心理健康教育还不够完善，即使有些学校开展了，在认识和观念上可能还存在一些偏差。比如说，有些学校的心理教师去学习一些临床心理治疗技术，陷入了心理健康教育的误区。学校心理健康教育更多的是面对健康的学生，即使面临一些问题，也是一般性的问题，如师生关系、生生关系、亲子关系，需要调整学生自卑、焦虑、抑郁、恐惧等状态，而有的心理教师学习的临床心理治疗技术能否用于健康孩子的心理问题呢？这是值得我们思考的。

举例来说，每个学校都有医务室，如果有个学生摔断了腿，我们应该把这个学生送到医院去做手术，而不是在医务室做外科手术。因为我们都知道，这是属于相对严重的外伤，要找专业的外科医生去做手术。我们医务室是做什么的呢？治疗一般程度的擦伤或者感冒等，或者对一般的疾病进行预防和教育工作。

如果学校里有个别学生出现了精神或心理方面的疾病，如精神分裂或神经症，我们也不应该送到学校心理咨询中心去做治疗，而应该请专业的心理医生、精神病医院或医院精神科医生来治疗。

从《中华人民共和国精神卫生法》的角度来说，学校也没有权利去治疗。所以，学校的心理健康教育主要是针对健康的教师和学生的、防止心理疾病发生的预防和教育工作。

学校心理健康教育的意义

中国儿童中心发布的《中国儿童的生存与发展、数据和分析》报告显示，我国约有3000万未成年人受到情绪障碍和行为问题的困扰。因此，加强中小学生的心理健康教育，有效地解决心理问题，使其健康成长，已经成为培养全面发展人才的必然要求，也是现代教育发展的必然趋势。青少年时期是人身心健康发展的关键时期。良好的心理素质是学生综合素质的重要组成部分，心理健康教育是培养学生良好人格和个性、提高学生心理素质的教育。中小学生正处于身心发展的关键时期，对学生进行心理健康教育是必不可少的。它的重大意义体现在以下几个方面。

其一，有利于师生的身体健康。中学学生正处在心理机能迅速发育的时期，因此，开展心理健康教育，让学生了解和掌握心理健康教育的内容，就是及时地、针对性地施以教育，对症下药。教师工作压力巨大，工作繁忙，开展心理健康教育有利于舒缓教师压力，释放不良情绪。

其二，有利于学习、工作效率的提高。健康的心理对于学习、工作的效率起重要的作用，对竞赛技能水平的发挥更为重要。一个人心理健康就会朝气蓬勃，开朗乐观，学习和工作就有劲，效率就高。

其三，有利于个性的和谐发展。心理健康对于促进人的智力与个性和谐发展、发挥人类最大的聪明才智具有重要意义。一个人心理健康，可使大脑处于最佳状态，更好地发挥大脑功能。心理健康有利于开发智力，充分发挥各种能力，有利于个性的和谐发展。

其四，有利于心理疾病的防治。心理疾病的发生，有一个从量变到质变的过程。重视师生的心理健康，就会注意预防和消除产生心理疾病的各种因素，以避免病变的发生和发展。

教师应及时把握和调适学生的心理，并学习一定的心理学知识，以便及早辨识学生的心理问题，及时疏导并与家长沟通。发现学生心理问题时应告知家长，请专业的心理医生治疗，以免耽误最佳治疗时间，使学生的心理问题加重。

中学生产生心理压力的主要原因有以下几个。

①学习进度、考试成绩的压力。

②来自师生关系、同学关系等人际关系的压力。

③来自家长的教养方式和家庭环境的压力。

④青春期生理、心理原因造成的情绪、情感方面的压力。

面对学生的心理压力，学校应积极进行心理健康教育，主动帮助学生进行心理调适。

心理压力的疏导与宣泄对于学生的身心发展很重要，教师要主动做学生的朋友和引路人，教会他们如何调整心态、减轻压力、积极面对人生。

针对心理压力的基本状况和产生的主要因素，我们应运用心理科学的理论和方法开展心理教育，切实做好攻"心"的工作。

学生心理压力的对策如下。

①针对学习方面的压力。我们既要让学生明确学习的重要性，同时又要重视学生的情绪和压力，尽可能减轻负担，树立正确的考试观和分数观。

②针对人际关系方面的压力。一方面教给学生人际交往的方法，鼓励学生之间多沟通、团结、互助；另一方面做好家庭教育，帮助孩子处理好与父母的关系。

③针对环境方面的压力。家庭是学生生活的重要场所，父母要为子女营造良好的氛围。另外，学校也要为学生提供一个良好、融洽的环境。

④对心理压力的调节和对策，还需强调以下方面。

a. 科学、适时地加强心理挫折教育。

b. 培养良好的学习习惯和学习方法。

c. 选择合适的心理健康教育方法，重点培养学生的"自信心"。

其实，中学生面临的问题还很多，但心理压力问题是最主要、最突出的问题。我们只有科学地处理好学生的心理问题，才能解决他们学习中的根本问题、内因问题，才能激发他们强烈的求知欲和创新欲，才能帮助青春期学生健康发展，使其真正成为社会有用之才。

教师心理健康现状

教师承担着家庭生活和校工作的双重职责。在紧张、繁杂的工作中，教师们常常承受着巨大的身心压力。关注教师的心理健康，帮助他们有效改善紧张、焦虑等心理状态，以乐观友善、活泼开朗、积极进取的健康心理面对工作，已成为教师心理健康指导不可或缺的内容，也是教师心理发展的需要。

教师心理健康体验式培训

越优秀的教师需要承受的压力越大，教师应该学会自我调节和减压的方式，以免自己一直处于压力之中，身心俱损，影响工作和生活的正常进行。教师该如何维护自身的心理健康呢？

一、教师心理健康问题现状

来自学校的压力、家长的不理解、社会的指责，使越来越多的教师在工作中感觉不到快乐，觉得孤独无助，充满压力感、疲惫感，找不到出路。

广西北海的一位老师在给我（藏勇）的信中写道：

多少个不眠的夜晚，我的心如同掉进了黑洞，孤独无助地挣扎，却找不到出口和方向，每天在职业道德与"保全自己"之间徘徊。

个别教师的道德问题，引发社会舆论大张旗鼓、肆无忌惮地践踏着全国教师的尊严……我苦苦思索：我挚爱的祖国怎么了？我为之奋斗的教育怎么了？我们教师的出路在何方？我孤独！我彷徨！我痛苦！

这是一个教师内心的困惑与无助，一线教师更加能够体会到目前教育现状给他们带来的困惑与无助。教师们也想改变，却发现自己无力抗争、无法挣脱，并在不知不觉中麻木，在孤独、彷徨、无助中度过了一年又一年。

教师的心理健康除了依靠学校专业的培训外，从根本上说还得由教师自己维护。教师既要关注学生的心理健康，同时也应重视自己的心理健康。

教师的心理压力主要表现在以下方面：业务工作压力过重；物质需要得不到满足；家长期望过高；学校的管理模式不完善；难以处理与同事、学生、家长的复杂的人际关系等。

二、促进教师心理健康的策略

1. 学校领导多关心教师生活

物质环境是促进教师心理健康发展的基础。积极打造温馨的工作环境，让教师感受到关怀与温暖。

2. 营造民主、轻松、活泼的心理环境

注重情感交流，积极打造互相尊重、平等相待的宽松心理氛围与和谐的人际关系，变上下级关系为合作伙伴关系。

3. 重视教师心理健康教育

通过各种培训、讲座提高教师的职业素养，促进教师的个人成长。

4. 学校多开展各种旅游放松活动

学校定期组织教师游学活动，有助于提高其专业技能、促进其身心健康。

教师的情绪管理

在教学过程中，教师与学生之间的情感互动，教师充满爱的行动，会给学生的生命带来巨大的改变。教师对学生的尊重、激励会对教学产生积极的效果，会促进学生的学习，反之，则会产生负效益。所以，教师的情绪和态度非常重要。

著名作家毕淑敏曾经写过一本书，书名叫《我很重要》，她在书中说,"对于我们的父母,我们永远是不可重复的孤本,无论他们有多少儿女,我们都是独特的一个","失去了妻子的男人,胸口就缺少了生死攸关的肋骨","失去了丈夫的女人,就像齐斩斩折断的琴弦,每一根都在雨夜长久地自鸣","俯视我们的孩童,我们是至高至尊的唯一","相交多年的密友,就如同沙漠中的古陶,摔碎一件就少一件,再也找不到一模一样的成品","对于我们的工作、事业,我的独出川裁的创意是没有人可以替代的,所以我很重要。"

"我"快乐了,才能带给周围的人快乐,在生活中我们可以观察到有的人脸上是平和的,有的人是喜悦的,有的人表情凝重,有的人眉头紧皱,每个人的面部表情都会反映出一个人的内心世界。

我们生活在这个世界上,都不是独立存在的,都跟周围的人息息相关,我们的情绪也是互相影响的,所以"我"很重要。教师肩负着对家庭和学生双重责任,更要重视自己的心理健康和情绪调节。

一、认识情绪

有段时间网上疯狂转载"男生遭女老师扇耳光,当场猛扇回击"的视频,视频中学生顶嘴,老师愤怒地打了学生一个耳光,学生又反击扇了老师一个耳光。这段视频引起一片争议,有人说老师不顾师德打学生,有的说学生不知道感恩,竟然打老师。

我们今天不去评判谁对谁错,我们在视频中可以看到的是,这个老师是明显地带着情绪的。

情绪是什么?是想法吗?是感觉吗?是恋爱时剧烈的心跳吗?是生气时摔碎东西的行为吗?通俗一点讲,情绪就是身体内部的信号,它告诉我们正在发生的事情。当好事发生在我们身上的时候,我们会感觉很愉快、很舒服;当坏事发生在我们身上的时候,我们感觉很糟糕。

简单定义情绪,并不意味着情绪很简单。实际上,情绪非常复杂,它们就像天空中的云,时而白云悠悠,时而乌云翻滚……令人捉摸不透。

尽管情绪十分复杂,我们却可以将它们分为两大类:一类是原生情绪,另一类是衍生情绪。

原生情绪是对触发事件的第一反应，是情绪发挥出的原始功能，不需要"三思而后行"。比如，听到一声巨响，你会本能地吓一跳，这是恐惧的情绪；喜欢的人邀请你共进晚餐，你会产生高兴的情绪；心爱的宠物死了，你会产生悲伤的情绪……原生情绪是人类情绪的基础，是情绪的生物组成部分，与生存息息相关。

原生情绪并不复杂，未经加工，也不是各种情绪的混合物。只要没有认知功能障碍，几乎所有人都能感知到原生情绪，例如，恐惧、愤怒、惊讶、伤心、厌恶、愧疚、喜悦和幸福等。

衍生情绪是由原生情绪衍生而来的，是对原生情绪的情绪化反应，也可以说，衍生情绪是对感受的感受，是由情绪引发的情绪。例如，得意而忘形，乐极而生悲等，但衍生情绪更多的是对悲伤、羞辱、烦恼和失落等情绪的反应。

下面是一个描述由原生情绪到衍生情绪的变化过程的故事。

小山是一名学生，一天下午，他驾车回家，行至途中，另一辆车突然变道，开到了他的车前面。小山感到很危险，他有些害怕，便开始打方向盘，躲开了那辆车。但是几秒之后，小山想道："太可恶了！那个家伙是故意的！"随即他害怕的情绪陡然衍变为愤怒，并催生出攻击行为。于是小山开始以150千米每小时的速度在高速公路上疯狂追赶那辆车。

但是最终那辆车还是溜之大吉了。

因为警察叫停了小山，指出他违规驾驶，其中包括超速和变道不打信号灯等好几项违章。

在这个故事中，小山最初的害怕是原生情绪，后来的愤怒则是衍生情绪。

与原生情绪相比，衍生情绪要复杂得多，它是几种情绪的混合物，还纠结了一些"剪不断理还乱"的想法。例如，在小山的愤怒中就纠结了这样的想法——"太可恶了！那个家伙是故意的！"这个想法首先会让他感到自己被那个司机欺负了，并产生出一种受辱的情绪，接着受辱的情绪又会迅速衍生出愤怒的情绪，最后是受辱和愤怒的情绪混合在一起，导致他产生疯狂的行为——违章超速，将自己和他人都置于危险的境地。

衍生情绪是过滤加工后的情绪，它不是根据现实经历做出的反应，而是根据对现实经历的想法而做出的反应。遭遇同一件事情，人们会产生相同的原生情绪，但是由于不同的生活经历、个性特征和思维方式，人们对同一件事情的想法有可能完全不同，并产生不同的衍生情绪。

二、管理自己的情绪

我们都知道学会管理自己的情绪是一种能力，丹尼尔·高文在《情商》(*Emotional Intelligence*)一书中指出，能够妥善地认知和处理情绪的能力，比起智力(IQ)更能保证一个人在人生的各方面，包括家庭关系和事业上的成功与幸福。

所以，教师首先要学会管理自己的情绪，才有可能帮助学生管理情绪。那么，教师如何管理自己的情绪呢？

我们要认识到，每种情绪都有其正面价值，不是给我们一份力量，便是指引我们一个方向。例如，愤怒是给我们力量去改变一种不能接受的现实；痛苦则是指引我们避开危险或者伤害（继续同样的做法，便会继续受苦）。要想从自己情绪的奴隶变为自己情绪的主人，必须由认识自己的情绪和接受它们开始。

如果我们在成长过程中，每当有负面情绪出现时，总是被引导尽快摆脱它们，而从来没有人告诉我们有效的摆脱方法，以致我们的情绪被压抑，得不到释放，就会使我们与自己内心的感觉越来越疏远，对处理自己的情绪也越来越感觉无能为力。对此，我们应该怎么做呢？

第一，我们要觉察自己的情绪并正确运用情绪去帮助自己。我们要经常注意自己内心的感觉，知道自己的情绪状态，能够随时说出即刻的感受。

第二，要了解和理解别人的想法和感受（也就是要有同理心）。如果我们能多去了解和体会学生的想法和感受，学生自然也会以同样的方式回应我们，所以教师需要言传身教，做出示范。

管理情绪有以下几种方法。

1. 情绪控制

情绪控制指个体对自身情绪状态的主动影响。教师在学生面前应控制自己的消极情绪，不把挫折感带进教室，更不要发泄在学生身上。教师觉得在工作中受了委屈，很容易把负面情绪发泄在自己的学生身上，因为学生常常就是让他们受委屈的"罪魁祸首"。本来，适当地刺激一下捣蛋学生的自尊，对矫正学生的问题行为可能是有效的，然而，教师在情绪激动的时候很难把握好"刺激"的尺度，常常因此伤害学生，同时破坏了自己在学生心中的形象。

2. 合理宣泄

如果不良情绪积蓄过多，得不到适当的宣泄，容易造成身心的紧张状态。这种紧张持续时间过长或强度过高，还可能造成身心疾病。因此，教师也应该选择合适的时间，以合理的方式宣泄自己的情绪。情绪的宣泄可以从"身""心"两个方面着手，"心"的宣泄如在适当的环境下放声大哭或大笑，对亲近和信任的朋友或亲人倾诉衷肠，写日记或给自己写信等；"身"的宣泄如剧烈的体力劳动、纵情高歌、逛街买自己喜欢的东西等。有条件还可出门旅游，旅游既是"身"的宣泄，也是"心"的放松。

3. 从其他地方寻求满足感

教师如果觉得在学校中无法获得心理上的成就感和满足感，可以试着在学校外寻求成就感。培养有创造性的爱好（如集邮、写作等）是一个好方法，个体能够随这些爱好的深入而体验到满足。另外，教师应努力营建幸福和谐的家庭。幸福的婚姻，美满的家庭，能促进个体健康人格的形成与发展，能在个体遇到困难时给予鼓励和帮助，减轻个体的心理压力。

情绪需要释放而不是压抑，做真实的自己很重要，因为只有生命可以走进生命，只有真实的情感才能感动彼此。

现在我们对情绪有了进一步了解，知道如何利用自己的情绪了。我们再来分析一下上文那段视频中老师正确的做法。

这位老师首先应该反思自己并及时控制住自己的情绪，主动向学生道歉，给其他学生做出榜样，同时也带动学生向老师道歉，师生互相鞠躬，握手言和。

通过这件原本不好的事情反而能促进了彼此成长，加深师生感情。如果我们都能这样做，师生关系一定会向着良性发展。

同样是这件事，老师换一种态度、换一种情绪，会出现怎样的结果呢？我们试着重新演绎这段视频，老师态度平和地以尊重的语气对学生说话，相信学生也会报以同样的尊重。所以，建立在彼此尊重和平等的基础上沟通，会取得良好的效果。

网上还有一段视频"老师不当了也不能惯着你"。视频中一个女副校长与学生发生冲突，爆粗口，被调离。我们不了解现场的真实情况，无权去评判视频中的当事人，在视频中那名女副校长说了这样一句话："我宁愿不当老师，也不惯着你！"这句话其实暴露出当今教师生存现状的尴尬。

类似这样的事件也许会在我们的工作中出现，教师（或学生）无意的言语就有可能会引发师生冲突。近几年出现的多起严重"辱师"事件，都是由一件小事引起的，不管学生多过分多恶劣，处理结果都是教育行政主管部门拿老师"开刀"，批评教育，甚至降级降职调离，直至开除。

就像那个视频中的那名女副校长一样，直接调离工作岗位。视频中的女副校长也许当时并无恶意，但是她的话引起了学生的误会，激发了学生愤怒的情绪。处于青春期的学生非常敏感，有很强的自尊心，教师无意的一句话可能会让他感觉自己受到歧视了（受辱感），由于这种受辱感又引发了他的愤怒情绪（衍生情绪），学生的愤怒情绪触发了教师感到不受尊重的情绪，这种情绪又导致了教师的愤怒情绪，愈演愈烈，以致不可收拾。

教师对学生在青春期所发生的一系列生理和心理的变化应该有所了解，应了解青春期学生的特征，尊重学生的成长和发展，建立积极的师生沟通，了解学生在成长过程中的困难并给予正确的指导。对初中生心理健康教育的重点是青春期教育，提高学生的抗挫折能力，引导学生遵纪守法，帮助他们平稳地度过青春早期。

家长和教师不要把自己的话当"圣旨"。要用欣赏的眼光看待学生，多关注学生哪些地方有进步。所有的学生都怕教师告"黑状"，这会让他们反感，让学生喜欢教师很重要。

在学业和成绩方面，要树立学生的心理健康比学习成绩更重要的思想，学生一时的成绩不能代表一生的成败，不断地成长，才能造就一生的成就。千万不要因为成绩差而让学生产生歉疚感、负罪感，更不要因为学习成绩不好，把师生关系搞僵，让学生产生仇恨的心理。

教师要注重自身的成长，学会释放自己的压力。

下面给大家介绍几个释放压力的方法。

1. 书写释放压力法

请写下过往经历中曾经真实发生的，给自己的生命造成影响的重要事件，这个事件中有愤怒、委屈、无助、失落等，你是通过什么方式调节自己的，这件事对自己的意义是什么，请真实地写出来，因为不需要与别人分享，所以要真实。

开头这样写：我要讲一个关于我跟××（人）的一件事……

我用了××（时间）才让自己平复下来……这件事对我的影响是……我通过这件事学到了……

写完了之后，自己给自己读一遍，然后找个无人的角落烧掉，就让过去所有的伤痛随风而去吧！

2. 接纳自己法

也许，你曾被不公平地对待过，被无情地伤害过，无论他们是自己的父母、曾经爱过的人还是朋友、同事，现在是时候疗愈自己了。现在我们一起来感受自己。

第一步，充分地承认这种不公平。

不用害怕愤怒和怨恨，就算是仇恨也不必怕，充分地去怒、去怨，然后被怨覆盖的爱就会涌出来。若又爱又怨，就既不能好好地爱，又不能好好地怨，两边都不是。

如果想真的爱自己，那就充分地为自己讲话，这些本来就是真实的，为什么要用"不应该"来打压自己呢？可以对曾经伤害自己的人说："当初你那样做，我真的很受伤，现在想起来，我还是很委屈。"

然后愤怒就会产生，愤怒到极致就是悲伤；当悲伤来临，接纳也就开始了；当接纳开始，爱也就产生了。因为所有的怒和怨，不过是爱而不得罢了。

第二步，欣赏和感谢自己。

想象一下，自己忍受了这么多，委屈了这么久，压抑了这么久，孤单了这么久，无奈了这么久，痛苦了这么久……终于活到现在，得以有机会觉察和疗愈，得以有机会做自己，我们应感谢自己是如此顽强、执着，感谢自己一路的辛苦和努力……

第三步，宽恕。

首先是宽恕伤害自己的人，相信他们在最深的地方是爱你的，相信他们不是存心和你作对，相信他们也在痛苦和局限中。

宽恕他们没有机会了解爱的真谛，宽恕他们没有被足够好地爱过，相信他们对你的态度不仅是他们所遭遇的态度，而且是其中最好的，甚至是他们出于爱而改良过的，是他们努力以后的。不需要再像一个小孩子一样找他们讨要爱，而是作为一个平等的人去给出爱，给出谅解，学会放下……

"我"现在比他们更强大，意识层面更高，能力更强，也更有机会学习和觉察，当"我"真的"站"起来，"我"就可以去爱他们，但首先是原谅和尊重他们。

其次是宽恕自己。

宽恕当初自己没有能力照顾好自己，没有能力给自己安全、自由，宽恕当初不懂得或者不敢为自己说话，宽恕自己的有限。

宽恕自己为了适应环境而压抑、隐藏甚至变形了自己，宽恕自己因此而积累了大量的情绪，以致会烦躁不安、会迁怒他人。

宽恕自己没有能力去认识、觉察和摆脱那些困境、孤独和害怕；宽恕自己在那个环境无从学习自爱、自尊和自我安慰，并因此经常与自己作对，经常批判甚至苛责自己。

宽恕自己也曾因为无法消化自己的情绪而对别人不公，给别人带来压力、焦虑和痛苦。宽恕自己内在的不和谐。

宽恕吧，宽恕了自己，就可以宽恕别人；宽恕吧，不去看任何人包括自己的不好和错误，只去看美好的和出于爱的，自己值得这么做。

当然，释放压力的方式还有很多，包括找心理医生、读书、听音乐、找个人诉说、看电影……只要愿意去尝试，就会找到最适合自己的减压方法。

3. 冥想放松法

冥想是一种对生命系统能量释放、重组、修复、优化的综合过程。经过冥想，生命会更加平和与宁静，这对整个机体有着深远作用的宁静状态，是难以用一两篇文章可以说得清的。简而言之，在宁静中，也只有在宁静中，才能达到自我实现。

冥想，是用想象力来调节心身，缓解压力。对绝大多数人来讲，视觉的想象远比听觉的想象要生动、有力得多。而听觉想象则需要诱导。所以通常情况下，冥想时都要有相适应的音乐伴随始终。

想象，主要是为了激发某种记忆，尤其是身体的记忆，这个记忆就是体验，躯体的体验。

下面为大家分享一段释放压力的冥想引导词。

现在把意识放到腹式呼吸上来，深深地吸气，缓缓地呼气，在一吸一呼之间，感觉心跳的平缓，身体的安宁，缓慢地呼吸，去寻找呼吸的顺畅，静观身体的感受。

深深地吸气，气息由鼻腔、胸腔沉入丹田，带进了新鲜的氧气，滋润着身体的每一个细胞；缓缓地呼气，带出了身体中所有的废气、浊气，让一切的烦恼远离我们。

感觉有一滴露珠滴落在我们的眉心，顺着眉心来到我们的面颊，再从面颊流淌到我们的肩膀，顺着手臂滑过指尖，落入我们身下的净土，渐渐带走了一身的疲惫和生活的琐碎。

放松我们的面部肌肉，舒展紧皱的眉头，嘴角微微上扬。用舌尖轻轻抵住上颚，感觉有一股玉液琼浆，让我们咽下它，去滋养身体的五脏六腑。

吸气，小腹微微隆起，呼气，小腹一点一点地内收，感觉到我们的身体越来越轻，越来越轻，仿佛化作了一朵白云融进蓝天。随着阵阵微风，在空中自由自在地飘动。

我们的脚下是一片微波荡漾的湖面，清澈的湖水在阳光的照射下波光粼粼。美丽的湖面上弥漫着一股清香的味道，一朵朵白莲花在微风中摇曳，荷叶上一颗颗水珠晶莹剔透。微风吹过，水珠从荷叶上滑落，融进了湖水之中。

我们继续在空中自由地飘荡，温暖的阳光照射在我们云朵般的身体上，一种久违的祥和深入我们的心房。此刻远离了城市的喧嚣，放弃了繁杂的思绪，在蓝天寻找那份宁静与安详。

三、教师心理健康的标准

教师心理健康的标准体现在：热爱教育事业，胜任教学工作，有积极乐观的人生态度，健全的人格，良好的个性特点，较强的适应能力和活动能力，和谐的人际关系。

教师心理健康应主要表现为对工作的热情和信心，特别是情绪健康，具体包括：对教师角色的认同，热爱自己的专业；有良好、和谐的人际关系；有上进心、进取心；有同情心、宽容心、忍耐心；有感受情绪和控制情绪的能力。

从以上各种标准和要求看出，人们对教师心理健康的要求是比较高的。但有的学者把普遍心理健康的概念等同于教师心理健康的概念，有的标准存在着把教师心理健康的标准与一个好教师的标准相混淆的现象，如勤于工作、热爱自己的专业、工作适应能力强等，这些其实是已被社会认同的好教师的标准。一个好教师必须是心理健康的教师，但教师的心理健康标准不能与好教师的标准相混淆。教师的心理健康标准除了应该与其他人群遵循同样的心理健康标准外，还应适当考虑教师职业的特殊性。在具体确立教师的心理健康标准时，可从以下方面考虑：一是认知能力；二是情绪反应；三是意志品质；四是人际关系；五是人格结构；六是自我意识。

教师如何应对职业倦怠？

"落红不是无情物，化作春泥更护花。"这句诗常常被用来形容教师的奉献精神。教师，这个职业一直被认为是世界上最美好、最圣洁的职业。可是，现在越来越多的教师感觉到工作没有价值，充满压力感、疲惫感、挫败感，出现了职业倦怠，甚至有人认为，教师不再是一个令人尊重的职业，这使得教师的职业倦怠像一种传染性极强的病毒，迅速蔓延。

近年来，各种媒体中相当数量的报道可以反映出教师们不同程度上的职业倦怠。比如，有的教师在期末工作考评中成为"末位"，面临"淘汰"，这位教师因此陷入了难以自拔的心理重负之中，产生严重的职业倦怠。

其实，教师产生职业倦怠是正常的，任何职业都有倦怠期。而越优秀的教师越容易产生职业倦怠，因为他们对自己的要求比较高，如果自己的目标实现不了，就会有种挫败感，就会引起职业倦怠。

一、导致职业倦怠的原因

导致教师职业倦怠的原因是多样而复杂的，主要有以下几个原因。

（一）工作时间过长

据《中国教育报》2001年9月22日报道，调查表明，我国中小学教师人均日工作时间是9.67小时，比其他职业一般职工人均日工作时间多1.67小时，累积起来，年超额劳动时间是420小时。

（二）学校管理制度僵化

有的学校管理制度僵化，调动不了教师的积极性，很多教师感到身心疲惫、极度压抑。各种考核制度加重了教师的精神负担。各种规章制度、检查、职称评定让教师不堪重负。

（三）教师的评价标准偏颇

学校以升学率、优秀率等作为评价教师的标准，而教师在学生良好品德的养成、健康人格的形成等方面所做的努力，很难被看到。

（四）人际关系失调

同事之间、师生之间的矛盾冲突时有发生，这增加了教师的工作难度和工作压力。

有一位年轻教师说，班里的同学不服从管理，对抗情绪严重，她觉得自己太善良而被学生欺负，自己又不能跟学生发火，这让她对自己的职业产生了怀疑。

(五)社会的影响是引发教师职业倦怠的外部原因

社会对教师期望值过高,加重了教师的心理负担,使得教师产生了严重的压抑感。教师付出得多,而教育学生的成效并不明显,家长唯学生考分是问,这也进一步加重了教师的职业失望感,从而产生倦怠。

(六)社会舆论压力大

近年来,一些媒体对个别学校出现的教师殴打、体罚学生,学校食品卫生问题,教育乱收费等现象大肆渲染,但过多的负面报道使教育工作面临着进退两难的尴尬境地。教师既要努力完成教学任务,又怕加班补课引来家长不满、媒体曝光,其心理压力可想而知。

(七)教师的个人素质是倦怠产生的内在诱因

教师工作的特点是单调、繁重和烦琐。教师的创造性不可避免地局限在一定的范围内,久而久之就易产生枯燥和倦怠的情绪。

教师的工作对象是学生,每一个学生都有独立的人格、思想品德、行为习惯等,面对这么多学生,稍有不慎就会引起冲突。

教师与其他职业的人一样,心理素质有高有低。面对复杂的教育教学环境,需要有良好的心理承受能力。

内在的特点与外部因素相互作用,使得教师成为职业倦怠的高危人群。

二、职业倦怠的应对策略

教师的职业倦怠是教师个人、学校和社会环境交互作用的结果,因而要改变现状就必须在这三方面都做出努力,采取相应的对策。根据对以上教师职业倦怠的成因分析和综合国内外相关研究成果,应对教师职业倦怠应从以下三个方面着手。

(一)建立良性的学校管理系统

首先,学校必须确定先进的管理理念。学校是教师的工作场所,也是教师诸多人际关系的交汇点,学校的管理系统直接影响着教师的生存状况。随着社会的飞速发展和教育改革的不断深化,过往对教师的纯制度化刚性管理已经远远落后,新形势下的教育要确立先进的教育管理理念。管理者在管理过程中要坚持以人为本，实行人性化管理，要关注教师的成长与发展，为每一个教师提供发展的机遇，帮助每一个教师获得发展的乐趣。要关心、爱护、尊重、理解教师，要满足教师的精神需要，要赋予教师更多的专业自主权和自由度。增强教师的主体意识，要实行开放的治理模式，在制定规划、目标以及各种制度时要充分听取教师的意见和建议，增强教师的主人翁意识，这样就可以从治理层面铲除教师职业倦怠的滋生土壤。

其次，要建立科学的评价体系。考核教师的工作不能以学生的考分作为唯一标准，要综合考察，兼顾教师平时的工作态度、状态、师德修养、教育科研等，促使教师全面、健康、和谐地发展；要建立发展性教师评价制度，激发教师的自我发展要求；要建立公平公正、赏罚分明的激励机制，充分调动教师的工作热情和积极性，防止职业倦怠的产生。

最后，要建立良好的人际关系。良好的人际关系可以提升教师的工作生活质量，有助于教师之间的健康交往，减少人际消耗和冲突。在教师感到倦怠时，同事之间的相互支持往往会起到十分明显的缓解作用。

学校要协助教师建立良好的人际关系，要通过组织开展多种多样的教师合作交流活动，促进教师间的交往，增加教师之间的感情，改变教师的职业孤独感。领导与教师之间要多一些理解、信任和沟通，少一点抱怨、猜疑和指责。教师与学生间要建立平等的师生关系，努力营造一种尊师爱生的氛围，从而舒缓教师的人际压力，缓解职业倦怠。

提高教师的专业素养是消除教师职业倦怠的基本手段。专业知识方面的不足是教师工作的主要压力源，学校应加强教师的专业知识和技能的学习，要充分利用各种资源完善教师的知识结构，为提高教师专业权威提供保障。例如，采用传、帮、带等形式进行各类观摩教学和学术交流；加强网络建设，以拓宽教师专业视野；进行各种形式的师资培训，如短期函授、脱产进修、学历考试、专题报告等，以满足教师职业生存和职业发展的需求。

(二)建立良好的社会支持系统

提高教师的社会、经济地位是解决教师职业倦怠问题的有效途径。各级政府要把尊师重教落在实处。现行法律应对教师身份做出明确规定,应通过修改《中华人民共和国教师法》,首先明确中小学教师的公务员身份,随后在《国家公务员暂行条例》升级为《中华人民共和国公务员法》的过程中,将教师纳进公务员序列,以切实提高教师的经济收入水平。要根据经济和社会的发展,对教师的经济收入水平加以调整。相关部门要通过调整相关政策,帮助教师解决住房、医疗等实际问题。

社会对教师职业的期望不宜太高,要充分了解到教师也是一个普普通通的人,是一个追求完善的"凡人",是一个具有多种个性和生活方式的多面体。教育管理部门和新闻媒体应对教师职业角色进行公道定位,要做好对普通公众的正面引导。学生家长应对教师职业给予正常的期望,以减轻教师的职业压力和心理负荷。

(三)依靠教师自身的努力

1. 保持心理健康

职业倦怠的产生往往与不健康的心理有关,因此,对自身心理健康的维护是减少心理挫折和职业倦怠的根本途径。

2. 改善人际关系

良好的人际关系与低职业倦怠呈明显正相关。良好的人际关系可以使教师获得良好的社会支持,教师应努力形成正确的人际关系知识,恰当把握在交往过程中的自我定位,遵循平等交往原则,把握基本的人际交往技能,真诚对待交往对象,从而改善人际关系,获得良好的社会支持,以此缓解压力,降低职业倦怠。

3. 提高综合素质

教师职业倦怠的产生往往与不能很好地应对教育教学中出现的困难有直接的关系。提高自身的综合素质,能有效地抑制和防止职业倦怠的产生,尤其对刚参加工作的年轻教师来说,这一点显得尤为重要。因此,教师应加强学习,不断提高自身的综合素质,促进自己可持续发展,为自己的职业发展奠定坚实的基础。

如何走进学生的内心？

在一次教师职业困惑调研中，很多教师对如何走进学生内心世界表达了自己的困惑。其实，只有与学生的内心连接，才能真正走进学生的内心世界，这是每个教师都需要修炼的功课。

有几个简单方法介绍给大家。

一、用真诚打动学生

美国电影《热血教师》，是根据2000年迪士尼年度教师罗恩·克拉克的真实事迹改编的，讲述的是罗恩·克拉克克服种种困难，走进学生的内心，发现学生的潜能，改变弱势学生命运的故事。

在电影中，孩子们跳绳时，克拉克试图加入他们，跟他们一起跳，但是孩子们似乎并不欢迎他。他们搞小动作，让克拉克一次次摔倒，但克拉克仍然不放弃，一次次爬起来。孩子们被感动，渐渐地接受了他。他由最初的旁观者，成了参与者。学生手中的跳绳其实是一根连接老师与学生心灵的纽带，最后，一个小女孩加入到克拉拉的跳绳运动中，暗示老师与学生真正地融入在一起了。其实，克拉克学习跳绳只是走近学生的一种方式，借助跳绳走近学生，从而真正走进学生的心灵。

二、用微笑打开学生心灵

有人说，最好的教师不仅仅擅长教书，他们更擅长打开心灵。

有一位叫作李平的语文老师，她是一位优秀班主任。因为深爱着孩子，她选择了做一名老师；因为深爱着孩子，她没有听从老教师"对学生必须严厉"的忠告，而是把内心的爱和包容通过笑容表达出来。在她眼里，教师的职业首先是爱与微笑，其次才是教书。

因为微笑，因为尊重和信任，李平老师得以走进孩子的心灵。

她说："把孩子当作学习对象，从孩子身上学习，孩子就会焕发出创造的活力，也会自然而然地从老师身上、从同学身上、从课本里、从自然界吸收雨露和阳光；而把孩子当作灌输知识的容器，孩子就不再是一个活泼的人，而只是一个口袋，一个筐子，一个器皿，一个沉寂的物件。"

在李平老师眼里，知识并不是最重要的，让孩子循着自己的方向，找到最适合自己的路径才最重要。她每天都用微笑传递她的信任和爱，她的微笑就像一束阳光照进孩子们的心灵。她每天用美好的诗句、温暖的阅读，引导学生沿着灵魂的道路行走。她用笑容拆除师生沟通的围墙，拆除心灵隔膜的围墙，拆除孩子对知识恐惧的围墙，让每一个孩子在心灵的舒展中，慢慢找到自己的生命方式。

三、给课堂注入情感，让课堂充满活力与生命感

教师不是知识的灌输者，而是唤醒、激励学生学习兴趣，满足学生学习愿望，实现学习动机的人。教师应该发挥唤醒、激励的作用，走近学生，让课堂注入情感，让课堂充满活力与生命感。

在教学过程中，教师与学生之间的情感互动、充满爱的行动，会给学生的生命带来巨大的改变。

斯金纳说："教育就是学生把在学校所学的东西都忘记以后剩下的东西。"那么，把学校所学的东西都忘记以后，剩下的是什么呢？

回顾自己的生命成长体验，从小学到初中再到大学，我经历了无数老师，他们先后以不同的方式教育过我（藏勇），影响了我。但是坦率地说，给我留下了深刻印象，至今还能让我回忆起来的老师并不多。为什么有的老师一直埋在我的内心深处，她的音容笑貌似乎还历历在目，而有的老师却没有给我留下任何印象呢？

我至今还记得我的高中语文老师，因为她关注每一个学生的喜怒哀乐，在乎我们的情感需要。印象最深的是她曾经请我去她家里吃饭，吃的是韭菜鸡蛋馅的水饺。那是我迄今为止吃过的最美味的水饺。那次晚餐算不上隆重，而那时的我，只不过是一个单纯、幼稚的学生。老师之所以请我去吃饭，只是因为离开家乡在外地求学的我，曾经在一篇作文里流露出想念家乡、想念妈妈包的韭菜水饺的感受……

现在想来，这位老师让我难以忘怀的原因，表面上是一顿水饺，实际上是对我的关心与爱。正是这样一个充满感情色彩的回忆，让她在我心底扎下了根。

教师真正的力量不是权威的知识，而在于对学生发自内心的关爱。没有爱，就没有教育。一个真诚的教育者必定是一位最有情感的人。离开了情感，一切教育都无从谈起。正如当代著名教育家李镇西所说："感情不能取代教育，但教育必须充满感情。"但这种情感，不是装模作样的"平易近人"，也不是教师对学生居高临下的"感情恩赐"，更不是为了达到某种教育目的而采取的"感情投资"，而应该是朋友般平等而真诚的情感，是对孩子真挚的关心与爱。

四、让每个学生都感到老师喜欢他

每个学生都渴望得到老师的喜欢，但是要老师喜欢每位学生确实很难，可是，若像美国教育家托德·威特克尔说的那样，"做出喜欢他的样子"，就比较容易了。

我们经常看到这样的现象：某某学生，为了引起老师的关注而故意犯错误。一位老师告诉我，他班里一个小男孩，上课时总和同桌发生纠纷，每次被发现就嬉皮笑脸地望着老师。于是老师就经常找他回答问题，读课文，收作业。不久他就和老师亲近起来，后来稍加引导，他的小毛病就都改正了。

其实，每个学生不管是高年级的还是低年级的，不论是男生还是女生，都十分在意老师是否注意他，是否喜欢他，如果老师的行为并不说明老师喜欢他们，那老师无论多么喜欢他们都没有用。而如果老师的行为表现出老师喜欢他们，那么，无论是否真的喜欢他们也无关紧要了。

做出喜欢学生的样子很简单，可以是一个拥抱、一个微笑、一句话、一个眼神、一件小礼物……总之，一定要有具体的充满关怀的"行为"，而不是仅仅教给他冷冰冰的知识。

让学生感觉老师喜欢他，是走进学生心灵的一条捷径，因为每个学生都愿意被老师喜欢。

五、老师要有点孩子气，童心未泯

老师"要蹲下来看学生，老师要和学生相似，而不能要求学生和老师相似"。拥有一颗童心，才能真正走进学生的心。童心未泯的标志之一，就是保留孩子般的好奇心。没有好奇心，就发现不了生活中、大自然中的美，自然也就感受不到美的价值。我们教书育人需要美好的情感，而这份情感就是在感受美的过程中不断产生的。

六、身教重于言传

为什么"身教"的力量和影响比"言教"大得多？因为到达一定年龄段的孩子，不愿意接受观念，而更偏向接受形象。因为"身教"无痕。教育一旦有痕——让学生感到老师是在教育他的时候，十有八九，这样的教育是失败的。老师用自己人格魅力让学生喜欢自己，发自内心地尊重自己，就容易走进学生心里。

七、学会正确激励学生

下面是一位老师利用心理学的小技巧，巧妙激励、转变后进生的故事。

我在做班主任期间，接了一个年级最差的班级，班里有个男生，打架、逃课、上课不听讲而睡觉，学习倒数，父母管不了。为此，孩子父母找我谈话，希望我能帮助他们的孩子。

我想以鼓励的策略改变他，于是，有次在语文课上，我提出了一个非常简单，几乎所有孩子都能回答的问题。我特意叫他回答，我的目的是希望他也能获得一些成就感，他回答对了，我会及时鼓励，趁机走进他的心灵。可是事情并没有按照我设计的故事情节去发展。这个孩子说："老师，我又没举手，你叫我干什么？我不会！"

他让我很意外，但我依旧微笑着问："你可以试着回答下，错了也没关系啊！"我微笑着，态度亲和，谁知孩子并不领情，说："我真的不会，我就是很笨！"

我只能让他坐下，但我并没有放弃，因为我知道，在学生出现问题的时候，往往他成长的机会也正是我们老师进行教育的最佳时机。

那天下午快放学时，我走进教室，故意严肃地请这个孩子放学后留下来。放学后，同学们都走了，只留下他。我很严肃地跟他说："鉴于你这段时间在班里的表现，我给你父母写了封信，今天你带回去。"随后我说："信是写给你妈妈的，你不可以拆开看。"

我把信放在讲台上，告诉他我要去取信封，让他稍等，然后我就出去了。

大家知道吗？孩子们在学校里最怕老师放学单独留下自己和叫家长。我把这个孩子留下，又严肃地给他家长写封信，这个孩子心里一定感觉不是什么好事。孩子一定会认为，老师在跟家长告状，今天回家一定会挨打，心里在暗暗嘀咕怎么才能逃过这一劫呢。

信就在桌子上，教室里就他一个人，大家说他看不看？一定会看。他总得知道老师到底告的啥状吧！我心里想：你终于上当了，我做了十几年老师了，还收拾不了你了！

我在教室外观察着，看到这孩子小心地打开信读了起来，还露出了笑容。孩子看完信，快速地按照原样放好，若无其事地又坐回自己的位子上。我发现，这孩子心理素质还真好。我感觉时间差不多了，走进教室将信封交给了他。就在那一天，我在那个孩子眼睛里第一次看到了希望，孩子真诚地我说："老师，再见！"我分明看到了他眼里闪闪的亮光！

我的体会是，对于有些逆反的孩子，批评、告状不起作用，挨批多了，他们就破罐子破摔了。我在给他父母的信中没有告状，而是真诚地写了他很多闪光点，如讲义气、真诚、爱劳动、团结同学等，肯定了他的长处。这份肯定是真诚的，表达了对孩子充分的尊重。老师尊重他，就会换来他对老师的尊重！此后，我经常派他给班级做事，他感觉自己的价值得到了体现，各方面都有了明显的改变。老师的一份尊重达到了多次批评教育都无法达到的效果，是不是很简单？

一把钥匙开一把锁，这个钥匙是什么？就是理解、尊重、宽容、信任！理解、尊重、宽容、信任就是培养良好师生关系的那把钥匙。

当然，走进学生心灵的方法还有很多，如召开主题班会、文艺节目演出、组织春游活动、课外拓展训练等，相信老师们都有自己的方式与技巧。

美国著名心理学家加德纳在他的多元智能理论中，主张以多维度的、全面的、发展的眼光来评价学生。也许，有的孩子数学不好，语文有天赋；也许，有的孩子，学习不好但是他特别爱劳动；也许，有的孩子不聪明但他很诚实……随着对学生的深入了解，我们会发现，每一个孩子都有自己独特的"风格"，教师只有走进学生的内心，才能发现他的独特之处，成为他人生路上的导师。

如何唤醒学生的内在动力？

在论述这个题目之前，我们先熟悉几个心理学的概念。

需要：是有机体内部的一种不平衡状态，表现为有机体对内外环境的条件的欲求。需要是推动有机体活动的动力和源泉。

动机：是激发个体朝着一定目标活动，并维持这种活动的一种内在的心理动力。动机是在需要的基础上产生的。

积极的情绪会推动人设法获得某种对象，消极的情绪会促使人远离某个对象，所以情绪也具有动机的作用。

兴趣：是人认识某种事物或从事某种活动的心理倾向，它是以认识和探索外界事物的需要为基础的，是推动人认识事物、探索真理的重要动机。

那么，通过这几个心理学概念，或许我们可以得出这样的结论：从心理学角度来说，需要是兴趣的基础，促使兴趣的产生；兴趣是人们认识事物、探索真理的重要动力；情绪具有组织作用，会促使人们产生积极的动力。

若想唤醒学生的内在动力，就必须以人为本，唤起人性的觉醒与情感的回归，首先要把学生培养成一个人格完整、性格乐观、热爱生活、充满爱心的人，其次才是学习各学科知识。有了自由的心灵、独立的思考、积极向上的精神引领，才会激发学生强大的学习动力与兴趣。

其实，每个学生都有对知识的渴望与好奇，教师只能指引他们去发现那个未知的世界。然而，怎样才能让他们愿意跟随教师去发现并取得好的成绩呢？那需要建立一种关系，也就是爱的关系。教师要用爱唤醒爱，用爱滋养孩子的心灵。当这种美好的关系建立起来以后，所有的问题都不是问题。因为爱，所以信任；因为信任，所以跟从。这就是所谓"亲其师，信其道"。

当学生在学习上走到一定的高度，对学习产生了浓厚的兴趣时，我们担心的不再是能不能出成绩，而是我们能把他们带到怎样的高度，我们所拥有的知识是否能满足他们永不停止的渴望。

教育，就是生活；生活，就是以哪种方式去活着，就是选择哪一种方式，度过自己的生命。生命最可贵的，不在于结果，而在于过程。生命最精彩的，就在于每个人可以用自己的方式，去度过自己的一生。

这个地球上，有多少个人，就有多少种生命的方式。有人说最好的教育就是帮助每一个学生，找到适合自己的生命方式，让他们从事自己喜欢的事情，过着自己想要的生活。

如果爱与责任成为每一位教师的生命自觉，他们将会带领年轻的学生向真、向善、向美；感恩与责任，成为学生们的生命自觉，他们在这里不断成就着自信、自尊、自强的青春。

当教师通过爱的方式帮助学生找到适合自己生命的方式时，就会发现他们的生命是生动的、充满活力的和激情的，这种活力与激情就会产生最强大的内在动力。

在教学过程中，教师起主导作用，学生是学习的主体。教学质量的高低，取决于师生两方面的积极性能否充分发挥。教师的主导作用，除积极加强对学生的指导外，更重要的是激发学生的学习兴趣。下面从几个方面论述。

其一，从学生的主导需要入手，让学生明确学习目的。

当个人和群体缺乏某种刺激时会呈现一种不平衡状态，对这种不平衡状态以及要求达到新的平衡的体验表现为需要。人们从事各种活动的目的产生于需要，活动的动机也产生于需要。活动动机是需要的具体表现形式，是推动人们进行活动的内部动力。要调动学生学习的积极性，教师必须从学生的需要入手，想方设法阐明所学知识与他们未来的生活、未来的发展的利益关系，使学生认识到知识对社会和对自己的意义而产生学习的需要，使学生明确学习目的，以推动学生自觉、主动、积极地获取知识，发展能力。

其二，启发学生的求知欲望和认识兴趣。强烈的求知欲望和认识兴趣，经常是推动学生积极学习的动力。

人们的求知欲望和认识兴趣，除产生于认识需要外，还产生于人的好奇心、好胜心。因此，教学过程中，教师必须创造条件，如设疑、质疑，设计一些与教学内容相关的学生想知而未知的问题，激发学生的求知欲望。

创设一定的情境，让学生在课堂上充分动脑、动口、动手，在学有所得中体会到学习的乐趣，促使学生形成认识兴趣。教学实践证明，学生一旦对学习活动产生兴趣，就会产生探求新知识的热情。这会成为学生较稳定的、持久的学习动力。

其三，教学内容丰富有趣，教学方法新颖、灵活多变。

人们从事各种活动的积极性，不仅跟他们的需要、兴趣、活动的目的有直接联系，而且与他们从事活动时大脑皮层神经元的兴奋程度密切相关。当大脑皮层神经元处于兴奋状态时，注意力就易集中，积极性就高。在教学过程中，教师所选择的教学内容丰富有趣，教学方法新颖、灵活多变，就能提高学生大脑皮层神经元的兴奋程度，扩大兴奋面积，促进学生注意力稳定、集中，提高其学习的积极性，提高教师教学的质量。

其四，学习内容安排适当的难度。

科学研究的结果表明，人脑蕴藏着很大的潜能。教学内容太易会使学生不动脑、不感兴趣，不利于智力的发展。如果学习内容和要求安排一定的难度，这种难度如果适合学生的"最近发展区"，就能激起学生的求知欲和积极性，特别是学生对自己所学的东西或所做的事情感到不满足时，更是如此。

其五，在教学过程中，让学生获得学习成功的体验，有利于发展学生的学习兴趣，增强其学习信心和成就动机。因为每个人都有受人尊重的需要。

学生在学习中获得成功，学习成绩好，师生评价高，受人尊重的需要就会得到满足，学习的积极性就会更高。教师必须在课堂教学中下功夫，尽最大的努力引导学生当堂理解掌握所学知识。作业的布置、考试的命题必须按教学大纲的要求，从学生的实际出发，选择一些经学生努力能解答的问题，让绝大多数学生获得学习成功的体验。这是调动学生学习积极性的有效措施。

其六，利用学习结果的反馈作用。

人们从事各种活动，都期望获得好的结果。对学生的学习结果给予及时的、恰当的评价，使学生了解自己学习成绩的好坏、解答问题的正误，能进一步调动学生学习的积极性，使学生进一步产生学好的愿望。实践证明，教学过程是否利用学习成果的反馈作用，教学效果是不同的。有经验的教师都很重视对学生课堂上的答题、课外作业、各种考试等及时做出评价，以调动学生学习的积极性。

其七，利用原有动机的迁移。

动机迁移是将已有的动机延伸到相关的事物上，并对它也产生动机。利用学生对其他活动的动机，通过巧妙的办法，找出学习与原有动机的相通点，把这种动机引导到学习上，从而使学生对学习产生新的需要，并指导他们克服困难，这也是调动学生学习积极性的好办法。在教学实践中，那些不喜欢学习的学生，往往是由于某种因素造成他们缺乏学习动机。教师应注意运用动机迁移的方法，培养他们的学习动机，这是从根本上改善他们学习境遇的有效措施。

其八，适当开展竞赛活动。

竞赛是调动学生学习积极性的又一有效措施。竞赛是一种强大的外部动力，当它和学生的自尊心与荣誉感相结合时，可以很快转化为个人的内部动力。实践证明，适当开展竞赛活动比没有竞赛好，集体之间的竞赛比个人之间的竞赛好。优秀生和后进生在竞赛的条件下心理状态有明显的差异。适当开展竞赛活动，必须从学生的身心发展水平、个别差异以及学校的特点出发，注意选择有教育意义的形式，竞赛后要注意对不同类型的学生进行思想教育和给予必要的帮助，同时注意不要过多搞竞赛活动。只有这样，才能使竞赛起到调动学生学习积极性的作用。

其九，把学习成绩做努力不够的归因，是调动学生学习积极性的重要措施。

大家知道，动机产生于需要，需要是人的本性之一。任何人都有尊重的需要，尊重是建立在信任的基础上的。这里所说的信任，不仅是指对人们现有的人品和能力的信任，也包括相信人们今后会积极要求上进，并能取得新的成绩。对学生的学习成绩做努力不够归因，既是对学生的尊重，又是对学生的期望，可以满足学生尊重的需要。

心理学家马斯洛认为，尊重的需要得到满足，能使人对自己充满信心，对社会满腔热情，真正体会到自己活在世上的价值，想方设法不辜负所信任的人对自己的期望，并以实际行动去争取进步。教师对学生的期待也是一种信任，一种鼓励，一种爱。日积月累之后，学生会被感动，对教师更加信赖，做出更大努力，从而使师生之间形成一种默契，因而取得期待的效果。

1978年，澳大利亚心理学家安德鲁斯等人根据"归因理论"进行了一次实验。结果证明，注重努力因素的归因对于坚持不懈地进行学习和工作起着重要的作用。如果要使学生在学习中不怕失败、坚持努力，其中一个很重要的方法就是使学生在学习不顺利时把原因更多地归因于自己的努力不够。

多年来，在教学实践中，我们经常对学生的学习成绩做努力不够的归因。对学习成绩差的学生，从不说他"笨"，而是指出他努力不够，只要努力，定会取得好成绩。由于长期坚持这样做，学生学习的主动性、积极性逐渐被调动起来，学生的学习成绩不断提高。理论和实践证明，对学生学习成绩做努力不够的归因，对提高学生学习的积极性、提高教学质量的确有很大的作用。

其十，培养学生的志向，进行理想教育。

要调动学生学习的积极性，必须培养学生的志向，进行理想教育。志向是关于将来做什么事、当什么样的人的有进步意义的意图和决心。志向是理想的初级状态，是个性发展的一种动力。在教学过程中，注意培养学生的志向，进行理想教育，能使学生正确认识学习的社会意义，把当前的学习同社会的进步联系起来，同集体利益联系起来；有利于促进学生形成长远的、高尚的社会性动机，产生正确的学习态度、高度的学习热情和自觉性，从而按社会的要求进行学习。不过，进行这种教育，要从学生的年龄特征出发，注意具体生动，切合实际，切忌成人化、空泛化。

关注留守儿童的心理健康

一、留守儿童现状

随着经济的不断发展和农村产业的改革，农村中越来越多的剩余劳动力成为外出务工者，他们在农村的子女也形成了一个特殊群体——留守儿童。多数留守儿童的父母忙于维持生计，无暇关注留守儿童的成长与发展，在家庭教育、情感关爱等方面严重缺位，导致部分留守儿童产生一系列心理问题。

这些儿童与父母聚少离多，生活上缺照顾，精神上缺关怀，行为上缺约束。这种"三缺"现象极易使留守儿童误入歧途，甚至成为"问题少年"。

留守儿童的教育问题一直是义务教育阶段的重要课题，如何更好地关爱、救助、保护留守儿童，是家庭、学校、社会都应重视的话题。

留守儿童的存在早已引起全社会的普遍关注。父妻由于外出打工，把孩子交给双方年迈的父母，与孩子聚少离多、沟通少。老人只能对孩子进行日常基本生活照顾，隔代的监管和教育使留守儿童产生不同程度的心理问题，对他们的身心发展有很大的负面影响。甚至有些老人文化水平低、思想保守或封建迷信思想严重，这就容易导致留守儿童在心理健康、性格等方面出现偏差。孩子长时间见不到父母的身影，缺少父母的关爱、呵护，逐渐养成自由散漫的习惯。当这些留守儿童看到其他同伴在自己父母面前撒娇、与父母一起逛公园时，他们便表现为内心封闭、孤独、冲动、易怒等身心不健康状态。针对这一社会现象，我们作为教师应思考如何对留守儿童进行科学合理的引导，使他们健康成长。

二、用爱心换信任

教师应主动家访，做好临时监护人的工作。同时，教师应从生活、学习等方面去关心留守儿童，弥补他们缺失的爱，使他们感受到更多的爱、更多的温暖。多与他们谈心交流，做他们的知心朋友，号召同学帮助他们解决生活和学习上的困难，使他们能感受到被重视和被关怀。这样既淡化了孩子对父母们的想念又丰富了他们的校园生活，让他们体会到学校班级不仅是第二个家，也是一个快乐的乐园。

在一次新生开学会上，有一位女生不论同学和老师怎么鼓励她都不愿意站起来介绍自己，一直沉默寡言。课后老师就把她请到办公室，蹲下身子跟她聊天，并夸她长得漂亮。女孩露出了难得的笑容，慢慢地开口跟老师讲话了。通过交流，老师知道原来她是个留守儿童，从此，老师给了学生更多的关注和鼓励，像对待自己的孩子一样，用爱心换来了学生对自己的信任，并且她很快融入了班级里。

三、关心要从身边小事做起

留守儿童相对其他学生来说，没有父母的悉心照顾，因此，教师的关心不能停留在表面，要用教师的"爱心"去换取他们的信任，让他们不再感到孤独无助。在日常生活中，教师应细心观察留守儿童的一举一动，发现问题，及时处理。

有个老师发现班里男生刘某很爱捣乱，经常会有人来告状："刘某弄湿了同学的书包了。""刘某打哭了女同学。""刘某把同学的文具摔坏了……"对于老师的批评，他总是当耳旁风，屡教不改。有一天中午就餐的时候，老师发现他碗里的饭菜还没有吃完，就又抢着添菜了。老师很生气，本想发火，可仔细一想，对这样的孩子，批评是不管用的，于是老师抑制住心中的怒火，把他叫到跟前说："我有个事想跟你商量一下。"他十分惊奇，好像不相信自己的耳朵。老师又说了一遍："我想交给你一个任务，不知道你能不能完成？"他点点头。老师说："你看，饭桌下洒了好几团饭，容易踩滑，你能不能先把那些饭扫了再去添饭呢？"他答应了，马上就拿来了扫帚，把饭桌下的饭清扫了。做完以后，老师马上对他进行了表扬。他很不好意思，但是又很兴奋。以后接连一个星期，老师都有意识地叫他做这个。后来发现他不用老师叫也能主动去做了。老师又及时找他谈心，对他讲："现在你父母在外打拼，离家这么远，照顾不了你，你只有安心学习，以优异的成绩向你父母报喜，让他们为你高兴、骄傲。等他们钱挣多了，就能够早点回家了。"同时在集体面前也表扬了他，在墙上的"朋友树"上奖励了他一颗小五星。

从此刘某变化很大，经常在班里做好事，成了班级的先进人物。

四、培养自信心

自信心是一个人学习进步、事业成功的必要条件。一个人拥有自信心就具有了一种内在的力量，在困难面前不退缩，面对压力不怯懦，面对失败不气馁。

由于父母长年累月不在身边，一些留守儿童得不到父母的疼爱和家庭的温暖，存在较严重的自卑感，胆小，懦弱，甚至自控能力较差。

教师应加强对留守儿童的关注和关爱，培养他们的自信心，使他们克服自卑感，形成良好的自我意识。一方面，努力发展自身的潜能，肯定自己；另一方面，对自己无法弥补的缺陷能安然处之，不断地提高自我，完善自我。

在课堂上，教师的每一个笑容、眼神、动作，每一句话都是在和学生进行交流，更把积极向上的情绪传递给每一位学生。教师要多鼓励，少批评，课后多与他们交流，一起参加课外活动，让他们获取自信心。让他们带着乐观、愉快、轻松的心情去学习，消除厌学、自卑、胆小等不良心理，使他们养成活泼、开朗、乐观的个性和心理品质。

留守儿童远离父母，内心比较敏感、脆弱，缺乏安全感，仅靠外在力量还不能使他们真正远离孤独。如何走进他们的内心深处，营造抚育留守儿童的温馨环境，是一个值得思考的问题。

2016年3月，《南方周末》推出《在一起——中国留守儿童报告》系列专题报道，用28个版的宏大体量，集结了来自社会各界对留守儿童的关注。

一直以来，谈留守儿童帮扶，我们核心的帮助目标往往都是留守儿童，但我们忽视了解决留守儿童问题的一个重要方向，就是他们的父母。只有让留守儿童的父母知道，孩子们的心理问题可能比给他多少钱更重要，也许才能够真正解决留守儿童家庭的根本问题。

心理健康教育案例分析

本书收录了莘县二中刘爱霞老师做的几个典型的心理健康教育方面的成功案例，虽然不是专业的分析报告，却是刘老师在实践中的一些经验和体会，仅供大家参考。

一、叛逆的小同

（一）背景介绍

小同，男，14岁，性格比较自由散漫，父母虽然工作比较忙，对孩子的教育还是很关注，但是因为缺少方法，没有达到好的教育效果。该生对学习缺乏兴趣，上课经常发呆，与同学相处关系紧张，别人稍微触犯，他就会报以拳脚，而且，该生对老师的教育常常抱以漠然的态度。

（二）原因分析

经过和他父亲的交谈，侧面了解到他的父亲对他不太管教，对孩子所做的错事缺乏正确的教育方式方法，常常是一味地打骂；同时他母亲对孩子却是溺爱。另外，孩子的前几位任课老师多次教育，没有什么效果，对孩子也感到无能为力。家长的批评、责骂、溺爱，老师的无能为力，更让孩子得寸进尺。

（三）辅导过程

孩子所有的外在表现是其内心的反应，所以教育要从心入手。

(1)加强与学生家庭的联系，说服其父母要尽到做父母的责任，使他摆脱心理困境。让其父母认识到家庭教育的重要性和责任感，使他的父亲掌握一些教育孩子的方式方法。每周五家长来接孩子，老师都要同他交流孩子在学校、在家的表现，交流对孩子的教育方法。由于家庭与学校共同努力，孩子的心理发生了微妙的变化，渐渐不再那么倔强。

(2)在师生间、同学间架起爱的桥梁，使他感受到同学的温暖，恢复心理平衡。开始，同学不愿意与他玩耍，他对老师的询问也是"一问三不答"，故意装作不明白。这是孩子防御心理的表现，但其内心还是渴望得到别人的认可和关心的，他极需要被爱的感觉。他不愿意开口，老师也不着急，而是主动与之接近，慢慢缩短心理距离，消除他内心的焦虑和冷漠。慢慢地，他不再那么抵触，也愿意与老师和同学沟通了。

(3)协同各科老师，在课堂上，多创造一些给他表现的机会；课后多给他补习。孩子这种性格是由许多不良的习惯构成，是多种原因造成的，其中学习成绩差是主要原因。学习差，父亲责骂；学习差，老师责怪；学习差，自暴自弃……所以，经过与各科老师沟通，老师们在课堂上多次为他创造机会，让他回答简单的问题，体验成功的喜悦和荣誉，增加良性刺激，激发起他的自信心和上进心。心灵的交往、热情的鼓励，温暖着他那颗冷漠的心，使他重新找到了自信。

(4)在班级中，给他一个职务，让他在同学中发挥作用。因为参与了班级管理，他的积极性充分调动起来了。另外，因为他的职务涉及记录，需要写一些表述性文字，遇到不会写的字，他就请教别人，或者查字典，从另一面也提高了他的学习成绩。

(四)辅导后记

虽然学生取得了一些进步，教育却没有结束，孩子的不良习惯不是一天养成的，所以要改正也需要漫长的时间，中间还可能出现反复，这需要老师更多的爱心、耐心与信心。

二、争强好胜的小丽

(一)背景介绍

小丽，女，16岁，高二学生，是校排球队的主力，喜欢打扮，学习成绩中等，但是嫉妒心很重。她的同桌小丹，品学兼优，每次考试都是前三名，小丽就在背后议论小丹是学习委员，和老师关系好，经常出入老师办公室，事先知道了题目。小丽经常把小丹的课本、笔记本藏起来，让小丹不能上好课。有同学找小丹求教或者和小丹交流讨论问题，小丽心里就更不舒服。久而久之，小丽的嫉妒心越来越强，凡是别人比她强的地方，她都心生怨恨，妒火中烧，不仅背后议论别人，还自己苦恼得晚上失眠。

(二)原因分析

小丽父母从小就对小丽要求严格,小丽想考个好成绩,可是一次又一次的努力都失败了。在父母的眼里,小丽就是不够努力,不是他们心目中的好孩子。父母的不肯定,让小丽的荣耀感、自信心受到了很大的打击。在小丽的心目中,老师也和父母一样,喜欢用成绩看待人,这导致小丽的人生信念就是以学习成绩论英雄。这种错误认识导致她不甘落后、不甘失败,在自己认为的竞争中挣扎。但是一旦不如别人,她就痛苦,让自己陷入一个情绪的怪圈。

(三)辅导过程

1. 帮助小丽树立自信心,正确面对自己的成绩

当老师知道了这一状况后,找小丽谈心,小丽告诉老师她也很痛苦,但是控制不了自己。老师告诉她,在与同学相处时,难免会产生不服气、不满、失落等情绪。不服输、不甘落后,是好的,也是一个人进步的动因之一。但是事事都要超越别人、样样都不服输,是不现实的。每个人都有自己的弱点和不足。能否承认和接受自己的失败,是嫉妒心理是否产生的关键。一个人如果不能坦然承认和接受失败,往往就会迁怒于他人,认为是他人抢走了自己成功的机会,这就埋下了嫉妒的种子。

老师通过让小丽进行自我指导,训练调整认知。让她明白人的一生中,会有很多人、很多次超越她,比她优秀,但她也可能在某些时候领先于别人(比如,她排球打得非常好),优秀于别人。这都是客观存在的事实。通过几次交谈,老师帮助她树立起自信心,正确看待失败,在失败中肯定自我的价值,希望她在失败中挖掘自己的优势和潜能,并且能在失败中总结经验和教训。

2. 引导小丽以豁达的态度面对他人的成功

老师引导小丽不要过多地拿自己与周围的同学或同龄人进行过于细致的比较,更不要用比较的结果苛求自己、责怪他人,应以"见贤思齐"来要求和勉励自己。正因为我们不完美,才会从别人身上学到我们所欠缺的东西,从而让自己不断成长和进步。

3. 帮助小丽化嫉妒心理为竞争心理

帮助小丽认识嫉妒和公平竞争的含义，告诉她嫉妒者往往把时间和精力用在毫无意义的内耗上，而没有用在进取和创造上。人应该凭自己的实力努力去赶超别人，把嫉妒转化为动力，让"不甘落后"转化为"奋起直追"。

(四)辅导后记

老师和小丽进行了几次约谈，同时又与她的父母进行了电话沟通，现在的小丽已经是一个健康快乐的女孩了，并且荣升为排球队队长。

三、缺乏自信的小迪

(一)背景介绍

小迪，17岁，男，高二男生，右腿有点残疾。父母是再婚家庭，母亲是企业下岗职工，曾经被诊断有抑郁症。父亲年龄较大，已经退休并患有脑血栓，行动不便，但能自理。该生性格内向，不善言谈，学习刻苦。因为身体原因，除了学习以外，不愿意参加文体活动，整天生活在自己狭小的圈子里，不善于与人交流，经常出现不上课、请假等现象，甚至有想辍学倾向。

(二)原因分析

经过和他父母交谈，侧面了解到他的父亲由于长期身体不好，导致脾气不好，动不动就对其母亲漫骂，同时对孩子进行讽刺挖苦。他母亲对孩子却是溺爱，但是母亲本身缺乏自我价值感，总认为自己一无是处。其母亲存在严重自卑性格，进而导致孩子因为自身原因等，形成自我认识不足、内心苦闷、多愁善感、害羞语塞等性格，遇到事情采取退缩和回避的态度，不善交际，自卑、敏感。

(三)辅导过程

家庭教育是一切教育的根，老师无法改变他的家庭，只能帮助孩子增强自信、改变自卑。

自卑是一种消极的自我暗示，与缺乏自信心有关。老师从提高小迪的自信心开始着手。要改变他的自卑心理，最重要的是让他获得成功的体验。老师约他面谈，两人从人生和梦想开始聊起，老师发现小迪对未来还是有很多想法和追求的，于是老师肯定他对梦想的描述和追求，告诉他只要努力，他的梦想一定能实现，并对他平时的刻苦努力给予肯定和表扬，同时勉励他一定要坚持努力。老师联系很多古今中外的实例，告诉他挫折和环境是一把双刃剑，"上帝关上一扇门，就会打开一扇窗"，对他进行心灵上的减压。激励他把不幸转化成动力，并和他一起制订学习目标和学习计划，承诺监督他切实地执行。小迪对于老师的帮助很感动，他眼神里流露出对肯定和帮助的需要。在老师的不断鼓励下，经过一段时间，他取得了期末考试班里第三名的好成绩。

在他学习提升了很多之后，老师鼓励他积极参加学校举办的各种文娱活动，并和他的班主任交流，让班主任给予他更多体验和进行人际交往的机会，他的性格也慢慢开朗起来。

(四)辅导后记

现在的小迪较以前有了很大的进步，不仅在课堂上敢于积极发言，并且在课下也能看到他纯真的笑容。

四、敏感的小萧

(一)背景介绍

小萧，16岁，高一女生，性格比较柔弱，听话，爱哭。3岁时父母离异，现在跟妈妈和继父一块生活。妈妈是个体店老板，继父是出租车司机。妈妈个性很强，脾气暴躁，平常对小萧要求较高。小萧对妈妈、朋友、同学依赖性较强，个人没有主见，很多同学都叫她"跟屁虫"，人际关系敏感。

(二)原因分析

从小萧的行为上看，主要是家庭原因，其妈妈是一个很能干的人，"全能妈妈容易造成无能孩子"。三四岁是儿童开始表现独立的阶段，这个阶段其父母离异，造成她对妈妈的依赖性增强，由于妈妈对其过分宠爱和包办，使其习惯于妈妈替自己或者在妈妈的帮助下指挥下完成事情，形成依赖的心理。再加上学校教育过程中老师的过多控制，长期以来，她形成了依赖和等待的习惯和思维方式。

(三)辅导过程

1. 依赖心理的解读

心理学中有一个专业的术语叫依恋(attachment)，指的是两个人之间亲密的、持久的情感联结。这些情感联结给个体提供情绪支持、亲密感和连续感，为个体探索自己和外部世界提供安全感和自信心，对个体一生的发展都具有积极的影响。而依赖心理则会使个体失去探索外部世界的信心和勇气，自己的活动和思维都受束缚和限制，从而不利于个体能力的培养和发展。

2. 与家长联系，培养其独立意识

老师同小萧的妈妈联系，她妈妈对她现在的状态也很担心和生气，老师同她妈妈详细地交流了小萧心理形成的原因，建议妈妈从生活小事开始，培养小萧的独立意识，并希望妈妈从赏识的角度看待小萧，及时给予鼓励，帮助小萧摆脱依赖性。

3. 树立行动勇气，恢复自信心

和小萧进行交流，激发她自己心里的独立意识，让她认识到如果自己对自己的命运持无所谓的态度，将命运的选择权交给别人，就会在人生的征途中处在被动地位，也将会失去自由翱翔的快乐。

4. 呼吁其他同学给予帮助

在一次大课间的机会，老师把小萧小组的几位同学叫到一起，针对小萧的情况，希望她们给予她帮助。同学都表示愿意帮助她，监督她，激励她。老师让她从选择自己的业余爱好、自己安排学习计划开始，随后让她慢慢尝试自己独立买衣服、独立出门、独立旅行等，让她慢慢由依赖转变为自主。

(四)辅导后记

经过一段的观察，小萧的进步很大，现在脸上的笑容也多了，眼神也变得明亮了，人际交往较以前也有了很大的进步。

心理健康教育在学校中的实践
——"学生成长式"主题班会

一、什么是"学生成长式"主题班会

人本主义心理学家马斯洛和罗杰斯认为,教育的作用是提供一个安全、自由、充满人情味的心理环境,使人类固有的优质潜能自动得以实现。罗杰斯认为,促进学生学习的关键不在于教师的教学技巧、专业知识,而在于特定的心理氛围因素,这些因素存在于促进者与学习者的人际关系中。

"学生成长式"主题班会以人本主义的理论作为依据,是心理健康教育团体辅导的一种形式,根据中学生身心发展特点、成长规律和班级建设的需要设计,能够为学生提供一个安全、自由、充满人情味的心理环境,围绕不同的主题开展班会,可以使学生建立起自我管理的机制,释放压力,平衡情绪,主动地参与班级事务,自己解决班级问题,并激励他们遵守自己参与设定的规则或解决方案。

莘县二中的主题班会

同时，"学生成长式"主题班会还可以使学生培养正确的表达能力、聆听技巧、记忆技能、客观思考的能力以及对自我选择所产生的后果承担责任的勇气，使他们的潜能得以开发。

开展"学生成长式"主题班会，大家围坐在一起，经过互动，共同讨论解决班级的问题。每个成员都积极参与，在体验中感悟；在互动的活动中，促进师生彼此了解，促进师生关系和生生关系的和谐。

二、为什么要召开"学生成长式"主题班会

召开"学生成长式"主题班会的目的，不是服务于班主任的工作需要，而是为了满足学生的成长需要。在以往的班会中，一般都是班主任根据自己的工作需要来确定班会的主题，把班会开成了道德课、安全课或者班级事务安排通知课，突出强调了教师对学生的管理职能，试图通过管理增加班级凝聚力、向心力和集体荣誉感，把开班会变成另一种形式的说教，往往收不到预期的效果。

"学生成长式"主题班会最重要的目的是满足学生成长的需要，在开班会的过程中教会学生互相尊重、学会感恩、养成自主解决问题的能力并承担相应的后果。

"学生成长式"主题班会不是教师约束学生，而是学生自我约束的过程。在班会中学生是班级的主人，积极主动地参与到班级管理中去，营造一个快乐、自信、和谐的班集体。

在班会上，学生们通过互相致谢来表示对人的尊重。在会议的过程中培养学生解决问题的能力，这种能力甚至比学业更重要，会使学生们在今后受益终身。

每次班会前，老师可以通过问卷调查确定班会议题，也可以当学生出现问题时，把问题放到班会上来解决。学生们一般能比老师更好地解决问题，因为学生的人数远远超过老师的人数，集思广益。而且在班级讨论的过程中能让他们产生许多独特的想法，当他们被允许表达自己的意见时，他们会变得思维活跃，最终使问题得到解决。

当他们被认真倾听、想法被大家认可时，他们感觉受到鼓励，感觉自己是班级的主人和管理者，而不是被管理者，这样促使他们遵守自己参与制定的规则或解决方案。

三、"学生成长式"主题班会的特点和形式

每位老师都知道，教学生做人比教学生知识更重要，尤其是在学生的德行、行为习惯的养成、良好的人格方面，这些是一个学生成才的关键。可是现在的教育模式很难满足这些方面的需要。

"学生成长式"主题班会就很好地实现了上述几个方面的教育功能，并且具备与传统班会不同的特点，满足了学生心理成长的需求。

在组织过程中，学生的心灵互动和碰撞能很好地激发其内在动力和思考能力，在共同的讨论中找到解决问题的方案。运用心理学的技术让学生在班会中直接体验、感受、分享，比老师说教的教育效果更好。班会专注于解决问题，通过启发式问题来帮助学生们探讨不同选择带来的结果。

"学生成长式"主题班会可以根据不同的季节和议题，选择不同的班会形式：

(1)春秋季可以在户外席地而坐，围成一个圆圈。也可以在保证安全的情况下举行篝火晚会。这会让学生亲近自然、放松身心，天性得到舒展，绽放笑容。

(2)可以在教室里围成一个圆圈，就不同的问题展开讨论。

(3)可以以小品、表演、演讲等形式召开主题班会，通过浓厚的艺术氛围和学生的组织、策划、表演，使学生留下深刻的印象，从而起到教育作用。

四、召开"学生成长式"主题班会的条件和原则

(1)教师或主持人要提前通过问卷调查确定班会议题。

(2)教师需要提前做班会技术培训，掌握召开班会的技术要点。

(3)要围成一个圆圈。

(4)教师帮助学生建立班会的规则及进行方式。

(5)教师帮助学生维护班会的秩序及讨论方向。

(6)提前确定主持人，由主持人准备好发言棒和指定记录人。

(7)教师要有效地引导学生从议题中学习。

(8)教师要注意在班会中培养沟通技巧。

(9)每一个人都有权发言。

(10)不评判原则。

五、"学生成长式"主题班会中教师的态度和技巧

(1)明确教师是班会的引领者和协助者而不是主导者。教师要充分相信学生,学会放手。

(2)教师在班会中要做出榜样,带头使用礼貌语言并带头遵守规则。

(3)教师要在活动中提出引导式、启发式问题。

(4)教师要善于把问题放到班会上讨论而不是做出决定。通过讨论,让学生意识到问题并一起商讨解决方案。

(5)教师对学生的发言要保持客观中立的原则,不要评判。在班会讨论某些议题时,有的老师担心学生的发言会把问题引向相反的方向而直接打断。其实这种担心是不必要的,如果真的出现这种结果,可以暂时搁置,下次继续讨论。

(6)教师要善于启发学生寻找每一个行为背后的积极意图,能够在每一个不良行为背后找到积极意图。这能让学生感受到认可并感觉到自身价值。

六、"学生成长式"主题班会教师常用启发式问题

(1)你当时想要完成什么?

(2)你对发生的事情有什么感觉呢?

(3)你认为是什么原因导致了那件事发生?

(4)你从这件事中学到了什么?

(5)你怎样才能把这次学到的东西用于将来?

(6)你现在对解决这一问题有什么想法吗?

七、"学生成长式"主题班会的指导原则

(1)学生围成一圈,教师和学生一样坐在圈中。

(2)尽量让学生来做主持人。

(3)由老师或主持人宣读议题。

(4)每个人发言的时候要以问好作为开始,以谢谢作为结束。

(5)老师切记不要对学生的发言做出评论。当发言棒传到教师手里的时候，教师可以提出建议和指引。

(6)一般情况下，发言棒要传两圈，可以允许学生听了别人的发言产生新的想法并再度发言。

(7)议题的提出者有权选择自己觉得最好的建议。如果议题涉及两个人，那么两个人可以有不同的选择，如果有冲突可以私下里协商解决。

(8)定期召开主题班会(初高中每周一次适合)。

议题宣读后，议题提出者可以做出三个选择：

①将他的感受告诉大家，比如，"我对这件事很困惑""出现这个问题我很难过"等。

②只讨论问题，不做出决定。

③请求大家帮助解决。

八、"学生成长式"主题班会的设计方案举例

(一)方案一：中学生是否能够谈恋爱？

1. 设计理念

根据心理健康教育团体辅导的原则，营造一个安全、温暖、和谐、开放的团体环境，促使成员打开心灵、敞开心扉，学会聆听与分享，学会在互动中引发思考，并以此班会作为解决问题、促进班级归属感和团队精神的一种良好方式。

2. 活动目的

通过这次主题班会，同学各抒己见，发表自己关于"中学生是否能够谈恋爱"这个问题的看法。

通过发言，让同学们在主持人的带领下分析中学生谈恋爱有哪些危害和好处。

3. 活动流程

(1)音乐：选择一首浪漫温馨的音乐作为本次班会的背景音乐。

(2)热身活动：由主持人带领大家做一个热身活动，活跃气氛。

(3)主持人宣布议题："同学们好！欢迎大家参加这次主题班会。今天我们活动的主题是'中学生是否能够谈恋爱'。在今天的活动中，请同学们积极地表达、认真地倾听。同学们能做到吗？好的，谢谢大

家！"（注：有的学校会用"早恋"这个词，"早恋"本身就带有评判意义，容易引起中学生心理上的不接受，所以最好不用这个词。）

(4)传递发言棒，开展第一轮讨论。主持人："现在从我开始大家传递发言棒，发言棒传到哪里，哪个同学就可以发言。"

(5)由记录员宣读同学的发言记录，公布分析数据。

(6)开展第二轮讨论。主持人："现在开始第二轮讨论，同学们可以根据同学的发言做出跟第一轮不同的决定，也可以对第一轮的发言进行补充。"

(7)宣布第二轮发言记录和数据。

(8)由议题的提出者做出选择。议题宣读完，要宣读提供议题的学生的选择。

①将对议题的感受告诉大家。

②讨论问题，但不做定论。

③请求大家帮助解决问题。

4. 注意事项

(1)所有参与者围成一个圆圈，准备好发言棒。

(2)宣读议程规则，确认无异议后，从第一个问题开始。

(3)如果问题还没有解决，就顺着圆圈传递发言棒，让大家继续发表意见和建议。

(4)把每条建议都原原本本地记录下来。

(5)宣读所有建议。

(6)问做出选择的学生，感觉合适就开始执行自己选定的建议。

(7)如果想让别人知道自己的观点，同时又不想打搅别人，请举手。

(8)每一个人都有权发言。

(9)老师切记不要对学生的发言做出评论。当发言棒转到教师手里的时候，教师可以提出建议和指引。

(10)不评判原则。

(二)方案二：中学生是否可以带手机到学校？

1. 设计理念

根据心理健康教育团体辅导的原则，营造一个安全、温暖、和谐、开放的团体环境，促使成员打开心灵、敞开心扉，学会聆听与分享，学会在互动中引发思考，并以此班会作为解决问题、促进班级归属感和团队精神的一种良好方式。

2. 活动目的

通过主题班会，让同学们各抒己见，分析带手机和不带手机到校的利弊。

3. 活动流程

(1)音乐：选择一首励志音乐作为本次班会的背景音乐。

(2)热身活动：由主持人带领大家做一个热身活动，活跃气氛。

(3)主持人宣布议题："同学们好！欢迎大家参加这次主题班会。今天我们活动的主题是'中学生是否可以带手机到学校'。在今天的活动中，请同学们积极地表达、认真地倾听。现在我宣布讨论开始！谢谢大家！"

(4)传递发言棒，开展第一轮讨论。主持人把发言棒交到同学手中，并说："现在开始大家传递发言棒，发言棒传到哪里，哪个同学就可以发言。"

(5)由记录员宣读同学的发言记录，公布、分析数据。

(6)开展第二轮讨论。

主持人："现在开始第二轮讨论，同学们可以根据同学的发言做出跟第一轮不同的决定，也可以对第一轮的发言进行补充。"

(7)宣布第二轮发言记录和数据。

(8)由议题的提出者做出选择。议题宣读完，要宣读提供议题的学生的选择。

①将对议题的感受告诉大家。

②讨论问题，但不做定论。

③请求大家帮助解决问题。

4. 注意事项

(1)所有参与者围成一个圆圈，准备好发言棒。

(2)宣读议程规则，确认无异议后，从第一个问题开始。

(3)如果问题还没有解决，就顺着圆圈传递发言棒，让大家继续发表意见和建议。

(4)把每条建议都原原本本地记录下来。

(5)宣读所有建议。

(6)问做出选择的学生，感觉合适就开始执行自己的选定建议。

(7)如果想让别人知道自己的观点，同时又不想打搅或不尊重别人，请举手。

(8)每一个人都有权发言。

(9)老师切记不要对学生的发言做出评论。当发言棒转到教师手里的时候，教师可以提出建议和指引。

(10)不评判原则。

第三编　家庭教育

家，是爱的源头

　　家，应该是爱的源头。英国著名教育家斯宾塞说："如果在一个家庭里听不见孩子的笑声，这个家庭是没有希望的。"每个人都渴望得到尊重、理解、认可、关爱和温暖，父母也曾当过孩子，那时候的他们是不是也渴望从父母那里获得这些呢？

　　当代中国家长通常喜欢通过"泼冷水"的教育方式，避免他所认为的孩子的"骄傲"，促使孩子不断进步。然而，这种方式只会让孩子与他们日渐疏离。

　　事实是，在孩子们眼里，如果父母总是不能认可自己，那还有必要去努力吗？父母的"善意批评"会在不经意间影响孩子，会束缚孩子前进的脚步。严重点还会形成孩子人格上的缺陷，即父母一再强调"你不行"，孩子就真的"不行"了。因为孩子虽然知道父母说得有点道理，但更多的情绪则是和父母的对抗，表现在行为上就是"你越让我学，我越不学，我故意让你失望"。

　　中国式家长总是各种担心，却不曾为孩子自豪；总是各种批评，却不愿给孩子鼓励；总是拿最高的标准来要求孩子，却不愿给孩子一次肯定。

　　我们这一代人都是在这种教育模式中长大的，并且又不知不觉地用这种模式思考问题和教育下一代，我相信很多人都有过这样的体验，你在父母眼里永远不够好。

　　有个朋友给我说了他的经历：他说，记得小学的时候，有一次他自豪地给妈妈说："妈妈，我今天发现了老师的错误，我给老师指出来了"。妈妈说："为什么你要出这个风头？别人为什么都不说，你这样做老师会生气的,下次不许说了!"

他被教育不许说真话,不能挑战权威。

另一个朋友说小时候有一次考了99分,回家就特高兴,给爸爸说:"爸爸,我考了99分!"爸爸说,"为什么不是100分!"

下次考了100分,"爸爸,我考了100分!"爸爸说,"别骄傲!"然后,他一下子就沉默了,觉得自己永远得不到肯定。

还有个同事跟我说,她的妈妈对她的任何行为都要修正,比如说,她穿了长袖,妈妈说,这么热的天你还穿长袖,不怕起痱子啊?她穿了薄毛衣,妈妈说,穿这么少怎么行?多穿点;就像网上流行的一个段子,"有一种冷叫妈妈觉得你冷",朋友说,我连穿什么衣服都不能按自己的意愿,我还能为自己做什么呢?

中国式家长总是觉得孩子需要被指导,需要被修正。其实这也是在传递一个信息,就是孩子怎么做都不对,这就让孩子越来越不自信,越来越不知所措,自卑、依赖的心理慢慢形成。

在中国式家长的思维方式里,循规蹈矩、听话才是好孩子。可是,用这种教育方式培养出来的孩子,要么唯唯诺诺,没有自我,被压抑,低自尊;要么个性张扬,浑身是刺,不能为自己的行为负责。

所以,中国式家长培养了一批听话的"妈宝"和叛逆的"愤青"。

然而,每个生命难道不可以按照自己的方式生长吗?就像有人用模具让西瓜长成方形,让苹果长出"恭喜发财"的字样来,方形的西瓜还叫西瓜吗?"恭喜发财"的苹果里还有它自己的生命吗?

中国式家长,爱孩子是真的,不懂爱孩子也是真的。他们一心一意为孩子着想,以为自己是为孩子好,其实他们真的不了解孩子,他们不知道孩子最需要的是被认同、被欣赏的感觉。

中国式家长常常说:"你看看别人家的孩子!"

可是如果孩子说:"你看看别人家的父母!"他们怎么想?

中国式家长,除了学习,禁止孩子其他一切活动。不许做家务,不玩游戏,不许交朋友,什么事都不用管,只管读书,理由是"怕耽误学习"。所以,"高分低能"真不是孩子的错误!

中国式家长要求孩子在读书的时候不许"爱美",可是在孩子应该学习审美的年纪，却把粗糙的种子种进他心里，又怎么让他长大后成为一个气质高雅的人呢？

中国式家长偷看孩子日记是有理由的，因为"你是我生的，我有权利，我怕你学坏"。

中国式家长认为，孩子还小，哪来这么多阴影，孩子犯错了就各种挖苦辱骂甚至动手。有些家长认为孩子年龄小，没有自尊心、羞耻感，其实大错特错！他们不知道孩子性格的养成是从小潜移默化形成的。

中国式家长有几句口头禅："都是为你好！""肯定是你不对！""听话才是好孩子！"

以上种种都是中国式家长爱孩子的方式。可是，家长们知道吗？孩子们只想要那个在意自己是否快乐、支持自己、鼓励自己、陪伴自己的爸爸妈妈！

家长应该以孩子能接受的方式爱孩子，这样才能真正让他们感受到父母的爱，而不是以爱的名义给他们伤害，不是吗？

作家张德芬在她的一篇文章中写了这样一段话："生命是如此巨大的一条河流，我们要做的，是在生命之河中愉快徜徉，顺流而行，而不是辛苦地用各种手段要求河流以我们想要的方式流动。"

这段话或许可以给中国式家长一点启示。良好的家庭教育应该从良好的家庭关系开始，好的家庭教育应该是家长和孩子的心互相温暖，而不是一颗心对另一颗心的折磨。

一个孩子呱呱落地的第一个环境就是家，睁开蒙眬的眼睛第一眼看到的就是父母，在这个世界上建立的第一个人际关系就是亲子关系。任何关系都可能终止或解除，师生关系、同事关系、朋友关系，甚至是夫妻关系，都可能结束，可是亲子关系却很难断绝。

中国有很多家长在竭尽全力爱孩子的同时，也在一步步将孩子推向与他们愿望相反的方向。

我们常常把家比作温暖的港湾，因为家可以给人无条件的爱和接纳，就像母亲的怀抱那么温暖。家，是唯一不需要理由就可以回去的地方；是让你觉得不管变成什么样，那都是能接纳自己的地方；是就算你已经为人父母，在人生走到低谷时，还是想回到父母身边重新获取力量的地方。

所以，如果父母想要带给孩子最珍贵的礼物，就是给予他们一个和谐温馨的家庭氛围。

在教育孩子的路上，需要家长的自我觉察和成长，并且言传身教，这样才能达到真正的效果。如果没有家长的自我觉醒与自我教育，教育就还没有真正开始。教育孩子其实就是改造自己的过程，家长的影子会在孩子的语言、行为中得以反映。

如何营造良好的家庭环境？

美国行为主义心理学家华生（J. B. Watson）在《行为主义》一书中写道："给我一群健全的儿童，一个由我支配的环境，我可以保证，无论这些儿童的祖先如何，我都可以把他们培养成为任何一种人，或者是政治家、军人、律师，抑或是乞丐、盗贼。"他强调环境对一个人身心发展的决定作用。

英国著名教育家、哲学家和社会学家斯宾塞认为，家庭环境对于孩子的心智和才能的发挥至关重要。父母的教养态度如果是热情、民主的而不是严厉、冷漠、独裁的，孩子的智能发育就比较好。在温暖而充满爱的家庭中，父母能尊重和接纳孩子的问题，鼓励和赞美孩子的优良表现，不但可以帮助孩子发展健全的人格，还能激发其创意而使其变得更聪明。

芬兰的公益广告短片《孤儿院》只有一分钟，没有荡气回肠的感人故事和翔实呈现的生活细节，只有类似橱窗一样的场景，却体现了家庭环境的重要性。

一对乖巧的姐弟俩，来到成人孤儿院中，"收养"他们的父母。

在一名女士的引导下，他们开始面试一组组的父母，选择他们心目中理想的父母。

前面三组父母所营造出的家庭氛围是这样的：

第一组：爸爸在看书，妈妈在打扫卫生，他们看上去很有教养；

第二组：父母正在就餐，欢声笑语；

第三组：父母树下散步，妈妈很漂亮，爸爸看上去很慈祥。

这三组父母给孩子传递出这样的信息：这个家庭看起来是和谐的，父母是和蔼可亲的。于是孩子的眼神中流露出了希望，嘴角挂上了幸福的微笑。

与此形成鲜明对比的是，第四组——妈妈酗酒，爸爸大吼，家里凌乱不堪……

完完全全的负面能量涌现出来，形成一股无形的力量，孩子的感受是立刻变得胆怯、惊恐、不知所措！

显而易见，家庭的情绪气氛、环境会对孩子的成长起着潜移默化的作用。

那么，如何营造一个适合孩子成长的家庭环境呢？

一、父母相爱

父母应该真诚相爱，而且要让孩子们看到这种爱。父母要很真实地让孩子们看到他们之间细微的关心。

如果一个孩子看到的是父母总是用互相指责和争吵的方法解决问题，孩子就不会尊重自己和他人，这种创伤可能会造成孩子无法从父母或家庭那里得到安全感和归属感。

如果一个孩子看到他的父母是相亲相爱的话，就无须更多地向他解释什么是友爱和美善了。父母的真实情感流入了孩子的心田，从而培养他能够在将来的各种关系中发现真挚的情感。

也许在孩子心中最开心的事，就是看到爸妈有爱地生活在一起吧。爸妈相爱，他的心中才会被灌注满满的安全感。安全感是孩子内心深层的渴望，被接纳、被爱的孩子，才有勇气用平等的姿态跟父母对话，才会敢于表达自己的情绪，才更容易自信快乐。

二、家庭中父亲的责任

一些父亲参与的亲子节目非常吸引人，足见父亲在家庭教育中的缺失在中国何其严重。尽管如此，我们还是可以发现这个节目的特别价值，就是显示出父亲教育的巨大潜力。最喜欢这个节目的人一定是母亲，因为孤军奋战的她们终于看到了同盟军的身影。

近年来，我国的家庭面临着严峻的考验，有人用这样一个等式来形容：中国式家庭＝缺失的父亲＋焦虑的母亲＋失控的孩子。

如果一位父亲总是忙着工作，家庭教育几乎就成了母亲的重担。夫妻之间缺乏沟通交流时，这位母亲的安全感可能会寄托于孩子；母亲越聚焦于孩子，不只是母亲形成焦虑的压力，孩子也感到沉重。而夫妻之间的矛盾，又常常拿孩子来说事情，因为孩子是他们共同的纽带。然而，夹在中间的孩子是多么的无辜啊！

那么，忙碌的父亲如何成为一个好父亲呢？

首先，多给妻子一些关爱和支持。

在家庭关系中，夫妻关系第一，亲子关系第二。夫妻关系是家庭的根基，亲子关系是家庭的枝叶。没有好的夫妻关系，不可能有完美的亲子关系。

一位美国母亲来到中国青岛工作，被青岛妇联评为优秀母亲。她回忆说，小时候，她曾经问父亲什么是给她的最好的礼物。父亲沉思良久，说永远爱她的母亲。

其次，陪孩子运动。

哈佛的研究发现，婴儿从5个月大起，就感受到爸爸妈妈的爱不一样。当爸爸抱他的时候，他已经开始惊奇于爸爸的伟力，因为爸爸把他举得高，让他四肢伸展。所以，父亲是孩子最好的教练。

国际奥委会北京代表处的首席代表李红之所以如此杰出，就因为自7岁开始随父亲跑步，一直跑到高中毕业，跑得身体健康、精力充沛、意志顽强、品学兼优。她回答记者提问时幽默地说，她是从小跑着，一路"跑进"国际奥委会的。

第三，带孩子体验职业生活。

研究者建议过家庭教育的责任分工，婴幼儿阶段以母亲为主，小学阶段父母的责任各半，中学阶段以父亲为主。因为孩子上中学以后，母亲的影响力开始下降，父亲的影响力开始上升。中学时代是职业生涯教育的关键期，父亲的优势可能大于母亲，自然应该多为孩子创造具有积极拓展性的体验机会，激发孩子的职业梦想，选择适合自己的人生道路。

新疆一位司机父亲，利用寒暑假，带孩子跑长途，顶风冒雪，翻越天山，结合艰难坎坷谈人生，给孩子留下终生难忘的印象。三个孩子不仅都考上博士，而且相互约定，不要家里一分钱，靠自己打工和奖学金读书学习。

第四，与孩子保持联络。

工作忙碌的父亲往往加班多、出差多，这固然会减少与孩子在一起的时间。但是，如果父亲心里有孩子，就可能把父爱带到天涯海角，甚至让父子之爱飞翔起来。比如，父亲可以不管走到哪里，都与孩子保持联络，吸引孩子对所到之地的兴趣。

一位女博士回忆说，她小时候，父亲经常出差，每次回来都给她带不同的转笔刀，积累多年，居然有上千个转笔刀，她珍藏至今。她过10岁生日的时候，父亲从遥远的地方发来电报，祝贺她生日快乐。这是她有生以来第一次收到电报，那种惊奇的感觉让她永远难以忘记。

在经营家庭和养育孩子方面，大多数情况下，一个家庭中的妻子要比丈夫付出得多，而一个和谐的家庭里，父亲应该承担更多的责任，这样不但会赢得孩子的尊敬，而且会赢得妻子的爱。

有一个学生曾经讲过他父亲的故事。这个学生中学时代是个非常顽皮的人，有一次他跟同学打架，把同学打伤了，结果他被学校开除。母亲受到了极大的打击，生了病，同一个学校读书的弟弟觉得很丢人，变得沉默寡言，父亲赔偿了被打的同学医药费之后，当时什么也没说。可是，有一天父亲突然哭了，痛苦地对母亲说道："都是我没有教育好孩子。"

父亲的痛哭和眼泪，让这个学生突然意识到问题的严重性，意识到自己行为的可怕后果。他从此发誓，再也不做这样的事情了。父亲对他说："错了不可怕，只要从现在开始改变，一切都来得及。"后来，这个学生经过多年的努力，成了一名出色的律师。

三、心态平和的母亲

俗话说，一个母亲影响三代。家庭教育的关键是母亲。一个心态平和的母亲对孩子的影响意义巨大。

这个时代，最不缺乏的就是家庭中一个因为爱孩子而变得焦虑的母亲，而这一点，对孩子来说无疑是一场灾难。作为曾与孩子脐带相连的那个人，作为家庭教育的主力，母亲对孩子的影响至关重要。

督促孩子学习是大多数中国妈妈的一门必修课，这需要自身受过一定的教育，更重要的是要有一种不急不躁的心境。

发脾气是教育的最大死敌，脾气越大，教育的效果越差。物质的贫穷不会带来教育的失败，但是精神上打压时间久了却会制造出一个问题儿童。

点燃孩子内心的学习热情，需要一定的温度，需要一定的状态才可以。如果母亲的心是冷漠、麻木或者焦虑不安的，很难去点燃孩子学习的热情。面对孩子不管出现任何状态，请记住，作为一名母亲，保证自己情绪的平和，这是对孩子最好的教育！

四、榜样的力量

孩子是看着父母的背影长大的，从父母的身上，孩子看到了榜样，父母是孩子走向世界的引路人。

家庭教育中，父母应该帮助孩子树立正确的价值观并在行为方式上为孩子做出榜样，以利于孩子的健康成长。当然，在这方面，身教胜于言传。

孩子喜欢模仿，他们看见成人做什么，自己也会情不自禁地做什么。他们不知不觉地参与到周遭的生活中，吸收周遭环境，尤其是父母言行举止的每个方面，变成自己内心深处意志的萌芽。

如果父母对着孩子或当着孩子的面发脾气或暴怒，这个暴怒的图景会深深进入孩子的内心，所有这些结果会一辈子留在孩子身上。

孩子不看父母怎么说，而会看父母怎么做。孩子的言行，受父母言行的影响很大，为人父母只有处处自律，处处做孩子的表率，用实际行动影响孩子，孩子才能在父母的言行中受到好的影响，教育才能在无形中产生影响。

有这样一个故事，有一位父亲，习惯每天下班后去一家酒馆喝酒。有一个雪天，他像往常一样去酒馆喝酒，却发现8岁儿子跟在他的身后兴奋地说："爸爸，你看！我正踩着你的脚印！"这位父亲猛然醒悟："我是儿子的榜样，我做什么儿子都会跟随我的脚印，我每天去酒馆喝酒,也会影响到儿子。"于是,这位父亲从此改变了这个习惯。

要想改变孩子,要先改变自己,孩子是父母的缩影。要求孩子诚实、善良,自己首先要做一个诚实善良的人,好的父母在生活中处处注意细节,这是好的家风的体现,也是孩子的榜样。

五、人格独立平等

良好的家庭环境下,家长和孩子的人格应保持平等,父母不应该因子女年纪小,而漠视他在家中的地位。平等是创造良好的家庭心理氛围的前提。

中国大部分传统家庭的父母与子女、长辈与晚辈、成人与孩子很难做到平等。尽管父母与子女、老师与学生在人格上平等的观点早已经提出很多年了,但是从实际效果来看并不尽如人意。家长们在潜意识中难以接受与孩子的平等,放不下家长的架子。"不听老人言,吃亏在眼前""我过的桥比你走的路还多""子不教,父之过""棍棒之下出孝子"等传统观念仍然留在很多家长的思维中,家长们常常以居高临下的姿态管理和教育自己的孩子,形成了命令多、协商少、指挥多、指导少的教育方式。

一个中学生说,上中学后父母用得最多的词就是"不许"和"必须",还有"轮不上你来教育我"之类的话,这是典型的有中国特色的教子之道。

还有另外一种情况是家长们对于平等理解有误,对孩子言听计从、百依百顺,在家里孩子的话就是"圣旨",孩子的要求就是命令,家长必须执行。有人也许会说"这是极个别现象",但这种表面上的"平等",实质上的娇宠,在相当一部分家庭中不同程度地存在着。

曾经有一次家访,正赶上一家三口在吃晚饭。吃到一半时已经上七年级的孩子顺手拿起一个苹果就啃,老师说了一句:"饭没吃完怎么又吃上水果了?你爸妈也不说你呀?"这个女儿立即冲着她父亲说:"你问他敢说我吗?我借他一百个胆他也不敢,说话比我声音高了都不行!"对此,这位父亲只是一笑了之。

这种现象看起来给了孩子极大的民主、自由、平等的空间,彻底丢弃了传统的家长专制，但实际上却走入了另一个极端——溺爱、娇惯，演变成了孩子对父母，甚至对爷爷奶奶、姥姥姥爷的专制，这是不正常的，也是更可悲的。

六、赏识自己的孩子

美学家朱光潜先生说过："欣赏之中都富有创造，创造之中也都富有欣赏。"生命之初，孩子身上美的品质，被每个父母发现了并且在希望中形成了一个完美的形象，孩子就是在这样充满欣赏的环境中成长，最终不知不觉地学会了说话和走路。要营造良好的家庭环境，父母要学会欣赏孩子的优点，容忍孩子的缺陷。

著名的赏识教育和家庭教育专家周宏，曾是一个工厂的普通工人，他的女儿刚生下不久就双耳失聪。他用20年的生命探索，不仅把女儿周婷婷培养成留美硕士，而且通过他的影响改变了成千上万孩子和家庭的命运，被誉为"中国第一位觉醒的父亲""北京市家庭教育指导服务中心首席专家"，他创立的赏识教育被称为"中国家庭教育第一品牌"。

他用赏识教育培养了一批早慧儿童，并将这套方法向世人推广，让健全孩子分享，使成千上万的孩子受益，使许多因孩子教育问题走入困惑的父母从他身上看到了希望。他也从一名普通家长成了全国著名的赏识教育和家庭教育专家。

还有一位母亲，把一个老师怀疑"智障"的孩子，从幼儿园一直"赏识"到考上清华大学。儿子拿到清华大学的录取通知书的时候，边哭边说："妈妈，我知道我不是个聪明的孩子，可是，这个世界上只有你能欣赏我……"这就是著名的《妈妈，只有你能欣赏我》的故事。所以，父母的鼓励和认可对孩子的一生，起到至关重要的作用。

教育，从尊重开始

根据联合国《儿童权利公约》，每一个孩子都有受教育、受到保护和不被虐待的权利，而教育还需要保障每一个孩子在精神上、心灵上被尊重的权利。

可以想象，一个野蛮的家庭很难培养出一个彬彬有礼的绅士。如果一个孩子从来没有被人尊重过,他怎么学会尊重别人呢?缺少关爱的孩子,也习惯于用冷漠甚至伤害他人的方式对待别人。所以,教育要从尊重开始,这是孩子自我教育和责任心形成的最重要条件。

但是,在日常生活中,许多家长不懂得维护孩子的自尊心,甚至不断伤害和毁灭孩子的自尊心。比如,当孩子信心满满地对父母诉说:"我下次考试争取考第一。"父母往往会说:"别吹牛了!你如果考第一,太阳就会从西边出来。"父母这样的语言,严重地伤害了孩子的自尊,会让孩子痛苦、自卑,厌恶自己,甚至破罐子破摔。如果父母经常用这样的语言对待孩子,孩子就会越来越没自信。自信心的打击会让孩子一生蒙上心理阴影,形成孤僻、不合群的性格,最终失去努力的动力。

一、尊重孩子的选择

"教育应从尊重孩子开始,这是最重要的。"谈及家教心得,一位家长说出自己的体会。

女儿3岁半时,她想让女儿学钢琴,并花几千元买了一架电子琴。但女儿只在兴趣班上了一节课便说:"妈妈,我不想学电子琴了。"妈妈当时虽然很气愤,但还是耐心地问她想学什么,女儿说想学画画。于是,女儿从3岁半开始学画画。

六年级时,女儿又迷上了电脑游戏,妈妈感到很苦恼。有一次,检查女儿书包,发现女儿在作业本上写小说,已有一万多字了。"土地上不种庄稼,就会长杂草",于是,她告诉女儿:"电脑不仅可以玩游戏,还可以写小说,不懂的还可以上网查资料,妈妈相信你能写出优秀的作品来。"没想到,这一句话就让女儿坚持写作好多年。

女儿中考前,想参加"动漫秀"。妈妈刚开始没答应,担心影响学习。但女儿告诉她:"您不让我参加,我没办法静下心学习。"于是,她答应了女儿。结果,其后的考试,女儿考了全年级第一名。中考时,女儿以全区第九名的成绩,考入省级示范高中。

对孩子的特长和兴趣,只要是有利于孩子成长的,家长都应该尊重,而不应该强求孩子按照自己的方式来做。因为教育应该从尊重开始。

二、尊重孩子说话的权利

孩子说话的权利得到尊重,可以增强他们的自信心和自尊心。孩子也因此学会了关注别人的感受,学会尊重别人说话的权利。可是在很多家庭里,家长往往不会给孩子说话的权利。

父母鼓励孩子主动说出内心的想法,是走向成功沟通的第一步。不认真倾听孩子讲话、不让孩子把话说完,是对孩子的不尊重。久而久之,会伤了孩子的心,使孩子产生对抗情绪,造成沟通困难。

父母对待孩子的不正确的态度和语言,会使孩子产生心理阴影。小时候不敢说出自己的心里话,长大后不敢面对他人、面对挫折,心灵易产生自卑等消极情绪,而且很难恢复。这种不良体验会跟随孩子一生,影响其今后对他人和对自己的看法,不利于孩子健康人格的形成。

一般而言,孩子敢把自己的感受、想法说出来,表示他与父母的关系是开放的,能自由交谈而无所顾忌的。如果父母为了维护自己的权威,板起面孔,强迫孩子按自己的指令做事,会损伤孩子的自尊心,引起孩子的不满,使他们关闭自己的心灵,不愿再与父母沟通。

父母应该鼓励孩子主动说出内心的想法,这样才能培养出具有创造性思维的孩子。

三、尊重孩子的隐私

有些家长采用偷看孩子的日记、翻手机等形式了解孩子,却不知道这样做往往起到相反的作用,让孩子产生反感和不被尊重的感觉,与父母更加疏远。

曾经看过一幅四格漫画,配有这样四句话:"你翻看了孩子的书包。""你偷看了孩子的日记。""你拉开了孩子的抽屉。""你也锁住了孩子的心,请尊重孩子的隐私权。"

隐私,是每个人藏在心里,不愿意告诉他人的秘密。人人都有自己的隐私,孩子也不例外。随着孩子年龄的增长,他们的生活领域、知识、情感都逐渐丰富起来,自我意识、自尊意识不断增强,原先无所顾忌敞开的心扉也渐渐关闭起来。然而,很多父母没有意识到孩子正在长大,忽略了孩子也会有自己的秘密,总认为自己是孩子的父母，就可以随意闯入孩子的"隐私"，甚至粗暴干涉，拆信、监听、偷看日记等。

如果父母为了了解孩子而偷看孩子的日记，这往往会得不偿失。事实证明，这样做只会伤害孩子的自尊，孩子会因为自己的隐私受到侵犯而采取更极端的措施将其保护起来，把自己的心紧紧锁闭。这样，父母想了解孩子就变得更加困难了，原本和谐的亲子关系也就被父母破坏了。尊重孩子，允许孩子有自己的"隐私世界"。用尊重换取孩子的信任，让孩子主动说出他的想法，这才是父母应该努力达到的效果。

在生活中，父母要密切注意孩子在态度和行为上的细微变化。当孩子希望自己的房间没有人打扰时，父母就不要随便进入；当孩子希望拥有记录自己秘密的日记本时，父母就不要偷看，更不能采取打骂、体罚的方式。

当父母用自己的语言和行为去赏识和尊重孩子时，孩子也同样会尊重父母，从而把父母当成自己的好朋友。当他们遇到什么事情或者心中有秘密的时候，才有可能主动向父母谈起。

请相信，父母越尊重孩子的隐私，与孩子的距离也就越近。尊重孩子，尊重孩子的隐私权，这是密切亲子关系、获得孩子信任的基础。

四、尊重孩子的梦想

每个人都有自己的梦想。梦想，是我们最渴求的人生选择。追求并实现这个梦想，是我们在这个世界上活过的最鲜活的证明。

在中国，也许不仅仅在是中国，有个可悲的现象，就是有些人活不出自己的梦想，甚至不敢去尝试活出自己的梦想，可是他们却期待孩子替自己活出他的梦想。

这是孩子与父母之间最常见的冲突之一，父母们常常是"苟且"地活着，但他们却将实现自己梦想的希望转移到孩子身上。这样，一方面，父母的梦想会成为孩子生命的重负；另一方面，孩子自己的梦想被压抑、被扼杀，不得不带着痛苦去实现父母的梦想。

无论如何，希望家长们能知道，孩子真的没有义务去活在你的梦想中，他来到这个世上的最有价值的事就是去追寻属于他自己的梦想。

智慧的家长，请不要让孩子活在你的梦想里，而是要让孩子找到他自己的梦想，并帮助孩子活在他自己的梦想里。

作为家长，其望子成龙、望女成凤的心理无可厚非，但是为了孩子能有一个好的前途，而给孩子过大的压力，结果让孩子不堪重负而走向极端，这就太让人遗憾了。

所谓尊重孩子，就应该尊重孩子的理想和选择。家长在培养孩子的业余爱好时，必须首先征求孩子的意见，尊重孩子的理想，进而理解孩子的理想，知道孩子真正的需要。即使孩子的理想与父母的设计产生偏差，也要平静地与孩子沟通，在尊重孩子理想和选择的基础上，通过商量探讨，让孩子充分理解父母的想法，最后父母要把选择权交给孩子。

在尊重孩子理想的时候，还要注意一个问题：不要在孩子建立理想的初期给孩子太多的压力和警示。这样很容易打击孩子的积极性，让孩子轻易放弃自己的理想。正确的做法是鼓励孩子树立理想，并为理想而努力。当孩子对父母表达自己的爱好和理想的时候，应该告诉孩子："你的理想真不错，我支持你，相信通过你的努力一定会实现的！"

给孩子高质量的陪伴

不同年龄段孩子对爱的需求是不一样的，比如，对0～6岁的孩子来说，爱等于陪伴；对6～12岁的孩子来说，爱等于教练；对12～18岁的孩子来说，爱等于尊重。

这份爱里，不仅应有足够的尊重和保护，更有培养孩子独立思考、面对未知的能力。

有一次，在一家高档的饭店里吃饭，一位老师看到一位年轻的妈妈也在陪儿子吃饭，妈妈给儿子点了他喜欢吃的菜，让儿子自己吃，眼睛不看儿子，也不跟儿子交流，而是自顾自地玩手机。老师看到孩子表情木然，忍不住走过去跟那位母亲说："您应该用心陪伴孩子，用眼睛看着孩子，多与孩子交流而不是看手机。孩子需要一个能跟他说话、关注他的妈妈，而不仅仅是美味的食物。"这位母亲恍然大悟，最好的爱是用心陪伴而不是单纯地给予物质。

其实，陪伴是双向的，家长在陪伴孩子的过程中，孩子也同样陪伴家长，这是一个家长与孩子共同参与彼此生命的过程。

有一个视频让无数人感动落泪，它讲的是一个孤独老人的故事。圣诞节前夕，孤独寂寞的父亲收到儿女的短信和祝福，短信中孩子们以各种借口告诉他圣诞节不能回家看望他了，并祝他圣诞快乐。这个父亲非常失望，由于实在太想念孩子们了，为了让孩子们回家，他想了一个办法，他给每个孩子发了一条短信："父亲去世，速回家。"儿女们收到短信很难过，纷纷从世界各地赶回父亲的家，原本是回来参加父亲葬礼的他们，推开家门看到一桌丰盛的晚宴，精致的餐桌上点着精美的蜡烛，父亲从烛光中缓缓地从卧室走出来，对他们说："难道还有别的办法能让你们一起回家吗？"儿女们悲喜交集，惭愧地流下了眼泪，拥抱了自己年迈的父亲。

父母与孩子亲情的链接，是任何人无法取代的，亲情的缺失也是任何物质取代不了的。

曾经读过一本书《陪伴是最深的爱》，这本书是一名普通的小学老师罗莉写的。罗莉老师像现在大多数职场妈妈一样工作繁忙，压力很大。作为小学老师，她不仅要照顾自己儿子，还兼着班主任，照顾班里几十个孩子。但是她对儿子的陪伴从不忽视，无论回家多晚，她都坚持跟孩子一起阅读、写作，记录跟儿子一起生活的点点滴滴。这本书的形成也是罗老师坚持记日记的成果，她在记录中反思自己，在反思中不断进步。

著名教育家魏书生也曾在演讲中说，他数十年如一日地坚持写日记，他说："无事可说寥寥数语，有感而发就洋洋千言。"写日记，看似一件小事，能坚持数十年就是了不起的壮举。对于家长来说，如果能够坚持记录孩子的成长和自己的反思，也是另一种形式的陪伴。长久下来，孩子和家长都会受益很多。

教育是慢的艺术，在陪伴孩子长大的漫长的过程中，润物无声，浸润孩子的心灵。在快节奏的工作、生活中，放慢我们的脚步，给孩子高质量的陪伴是最有效的家庭教育。

和青春期的孩子一起成长

中学阶段孩子开始从幼稚走向成熟，面临着生理和心理上的成长期。在他们的成长过程中，家长应该多了解孩子这个时期的心理特点，陪伴孩子共同成长。

青春期孩子介于成熟与幼稚之间，既渴望独立又相对依赖，敏感又自尊心强，时刻处于矛盾状态。

他们身体快速成长，但对世界的了解和认知还相对幼稚。家长在这个时候，既不要把他们当作成人一样要求，也不能把他们当作孩子一样对待。这个阶段的孩子，独立意识增强，在精神上更加需要父母的理解和支持，他们很想与外界建立良好的沟通与联结，却不知怎样做。这就需要家长耐心细致地多与孩子交流。对于孩子来说，家庭是获得支持的最重要的资源，亲子关系就显得至关重要，如果这个时期亲子关系出了问题，孩子很有可能出问题。所以，良好的家庭关系本身就是一种好的教育。

说到青春期，人们自然就会想到青春期叛逆。青春期叛逆是一种正常的现象，家长只有坦然接受，正确引导，帮助孩子顺利度过。

家长要认识到，叛逆并不是一件坏事，而是一个好的开始，说明孩子开始有自己的思想了，这对孩子的发展是有利的。但这不意味着家长可以对孩子的叛逆放任自流。只有家长处理得当，才能帮助孩子顺利度过青春叛逆期。

在一次家庭教育研讨会上，一位家长介绍了自己的教育经验，她说面对青春期的叛逆，家长应该引导而不是强制。她说她的女儿也有过叛逆，曾经晚上玩游戏不睡觉，白天上课打瞌睡，她并没有过多指责，而是陪伴和耐心引导，帮助她制定作息时间表，陪她一起玩游戏和学习，后来女儿改变了作息时间，玩游戏时间越来越少。

她说，女儿八年级时迷上了一个明星，开始追星，用零用钱买了很多明星的画报，为了看明星的演唱会装病请假。她识破了，并没有打骂女儿，而是跟女儿敞开心扉聊了一次，表示对女儿喜欢这个明星表示理解，同时告诉女儿："我理解你喜欢他的心情，追星可以，但要自己把握度，不能因为追星而影响了学习和休息，"另外告诉女儿，"明星之所以那么成功，是因为他在上学的时候很努力。你如果真的喜欢这个明星，就应该像他一样努力，将来成为对社会有价值的人。"这位家长正确的引导并没有引起孩子的反感，而是激励孩子开始拼搏，后来孩子考上了理想的高中，并且随着时间的推移，明星也渐渐地在女儿的生活中不再重要了，逐渐被女儿淡忘。如果这位家长当时采取的是强制措施，就有可能把孩子推向相反的方向。

孩子要度过叛逆期，家长或许只能起一个引导的作用。家长的任务就是帮孩子把握好大方向，用孩子能够接受的方式，慢慢引导。

当家长遇到孩子叛逆时，不要认为是对自己威严的挑战，而要承认叛逆是孩子生理成熟、认知能力提高的结果。得到父母的认可之后，孩子可能就不会那么叛逆了，反而会逐渐平衡自己的心理。

另外，面对孩子的叛逆期，家长应及时调整自己的教养方式，改变自己的角色。当孩子出现叛逆行为，就意味着孩子长大了，不再是"小孩子"了，家长需要及时调整自己，逐渐适应自己的新角色。在孩子的生活中，家长不再是那个主导者，而是一个陪伴者。此时的陪伴就意味着一种平等关系，意味着一种支持和认同，家长应该及时调整心态和做法。

大多数中国家长对这个问题没有清醒的认识，而是仍然摆着家长的架子，凡事自己替孩子做主，这种做法常常会激起孩子更强的逆反。如果父母把自己的意愿强加在孩子身上，那么孩子不仅不会按照父母的要求去做，反而会故意不学习来报复父母的控制行为，这是青春期孩子逆反的一个表现形式。

青春期的孩子有了独立的倾向，渴望有自己独立的空间。这段时期他们的情绪不平稳，父母不好把握，他们有自己的喜怒哀乐，不愿给父母讲，还感觉父母对自己不了解。父母应该认识到这是孩子成长的阶段，不要太过焦虑，与孩子平等相处，做孩子的朋友，允许孩子有自己的独立空间，不强求去沟通，帮助孩子慢慢度过这段时期。

面对逆反的孩子，家长不要对孩子的事情做武断性的决策，凡事要征求和尊重他们的意见，要用平等的语气跟孩子对话。比如，"对这件事，你是怎么认为的呢？""你打算怎么做呢？""你打算什么时候开始做作业呢？"当感觉他的观点、做法不正确后，对不正确的部分要以研究探讨的语气和他交流。比如，"你认为妈妈的意见对吗？""我认为那样做可能会出现的结果是……你再考虑一下，当然最终由你自己决定，并承担相应的后果。"

要相信孩子是有判断力的，父母一定记住自己的身份是陪伴者而不是决策者。以这种态度与孩子交流，孩子更愿意听父母的意见，交流会越来越多，亲子关系会越来越好。

青春期孩子的叛逆行为，有不同的类型，家长要了解孩子的叛逆类型，以便对症下药。

青春期孩子的叛逆行为，主要有三种类型。

①暴躁型——对父母、老师的要求剧烈反抗，经常跟父母吵架或发脾气，有时跟父母冷战。

②沉默型——不愿跟大人沟通，对事情漠不关心，对父母的话没有反应，不喜欢跟老师接触。

③阳奉阴违型——当着父母的面赞成父母的要求，但是自己的行为表现却相反，父母说什么都表面答应，但是依旧我行我素。

对待暴躁型孩子，家长首先要控制好自己的情绪，不要跟孩子正面冲突，不要激化矛盾，要学会理智分析孩子情绪发生的原因，再与孩子平等地沟通。

对待沉默型孩子，家长要多带孩子参加户外运动，跟孩子一起参加他感兴趣的活动，在活动中引导他说出自己的思想。家长要主动跟孩子沟通，再加以指导。

对待阳奉阴违型孩子，家长要多观察，通过察言观色找到他的真实想法，及时调整，正确引导。

总之，对待青春期叛逆的孩子，要以平常心，多一些宽容与理解，少一些指责与批评，多一些沟通与陪伴，少一些说教与挑剔。

家长要知道，叛逆的背后是孩子特定阶段的发展特点和个体不同的内心需求。希望青春期孩子的家长都做一个有心的家长，多去观察孩子的特点、了解孩子的需求。只要努力做一个有心的家长，对孩子的叛逆行为做到心中有数，理解孩子，接纳孩子，相信孩子的叛逆问题只是成长过程中短暂的现象。同时，家长要关注孩子身体和心理发展方面的变化，及时了解孩子的困扰，掌握一定的生理卫生知识，并运用科学的方法对孩子进行指导，相信家长一定会帮助孩子顺利度过青春期。

如何面对孩子青春期的"恋爱"问题？

伴随着青春期的性发育，中学生的性心理也发生了质的飞跃，大多数孩子表现出对异性的兴趣。据调查，上海儿童的性成熟平均年龄提前到12岁左右。性激素的分泌，不仅影响着生理的变化，同时也影响着心理、情绪和行为上的变化。家长能够感觉到孩子外表的改变，却容易忽略孩子内心的变化。

处于青春前期的孩子生理开始发育，性意识刚刚萌动，意识到两性差异，开始关注异性。家长应正确看待性发育带给孩子的困扰，不要把孩子对异性的兴趣当作洪水猛兽，当作道德问题。

这个阶段家长最担心的问题就是孩子的"早恋"问题。什么是"早恋"？心理学家认为"早恋"一词并不科学，带着明显的评判。学生在青春期加速发育，第二性征出现后，逐渐性成熟，生理和心理都有成人化趋势，所以对异性产生好感或者发生恋爱行为是青春期的普遍现象，是生理与心理发育的必然。不应该用"早恋"这样带有主观评判的词语来描述，确切地说，"早恋"应该称为"青春期恋爱"，是青春期的孩子对异性的爱慕，是一种正常的心理现象。

袁枚的《子不语》记载了一个故事。在五台山修行的一位禅师，收了一个3岁的小沙弥，师徒在山顶修行，从不下山。十几年后，师父带小沙弥下山，小沙弥看到牛、马、鸡和狗都不认识，师父一一告诉他，牛是耕地的，马可以骑着代步，鸡可以报晓，狗可以看家护院，小沙弥点头说："知道了。"过了一会儿，一个少女走过来，小沙弥问师父："这是什么？"师父害怕他心动，耽误修行，就严肃地告诉他："这是老虎，人走近她就会被咬死，尸骨都不会留下。"小沙弥点头说："知道了。"到了晚上，师父问："今天下山看到的东西，有没有在心里想念的？"沙弥说："什么都不想，只想那个吃人的老虎，心里总觉得舍不得她。"师父无语。

这个故事说明，青春期情窦初开，对异性的思慕是不会因为人为的阻止而减少的，这是一个人生理阶段的正常现象。但是因为青春期的孩子还不具备恋爱的各种条件，如果放任自己的感情，盲目恋爱会造成无法挽回的后果，给身心带来伤害。因此，我们国家并不主张孩子在成年前恋爱。

青春期尽管是爱情的朦胧期，但是家长要正确对待孩子与异性的正常交往，而不是盲目阻止孩子。

当家长发现孩子在谈恋爱怎么办呢？首先要保持镇静，不要惊慌失措，更不要打骂、斥责。一个有智慧的家长应该具有足够的耐心与宽容，把孩子当作自己的朋友，听他们诉说，帮助他们解决问题，并有针对性地加以引导。

其次，当发现孩子与异性交往密切时，一定要先分清他们之间的交往是一般交往还是恋爱。事实上，许多男女学生间的交往只是正常交往，是真诚的友谊。如果对他们胡乱猜疑，捕风捉影，横加指责，动不动就扣上"早恋"的帽子，反而促使孩子弄假成真。

如果发现他们确有恋爱现象，家长一定要冷静、慎重地对待、理解他们的纯洁情感，尊重他们的人格，帮助他们分析恋爱的原因，指出他们恋爱的盲目性，教育他们正确认识恋爱给学习和身心带来的危害，引导他们回到正常的友谊上来。

有智慧的家长，会把这个时期当作激发孩子学习动力、培养个人修养的契机，不仅不会影响孩子学习，反而会促进其学习。

最近，有一位爸爸的做法被大家所称赞，家长们都说这个爸爸太有智慧了。他是怎么做的呢？

当这位爸爸发现高三的女儿暗恋上了他们班的班长时，也像大多数父母一样非常着急，但是他知道如果打骂和斥责，只会让女儿越陷越深，甚至会影响到女儿的一生。所以，他平复了自己的焦虑情绪，把女儿约到了一个咖啡厅，站在女儿的角度，像朋友一样诚恳地帮她分析她暗恋的班长不可能喜欢她的原因，从而取得了女儿的信任。然后他又因势利导，帮助女儿制订减肥、修身、学习计划，帮助女儿一起"追"上班长。

他陪女儿跑步、健身，练习古筝、学习绘画，增加女儿的自信。同时，以一个成人的角度告诉女儿，只有让自己成为一个优秀的人，才能找到一个优秀的伴侣。

女儿经过一番训导，终于明白了爸爸的用心，希望在爸爸的帮助下成为一个优秀的人。

这位爸爸以女儿马上要高考为由，说服了妻子在女儿学校附近租了房子，又让女儿从住读改成走读。每天清晨，他都陪着女儿早起慢跑，目的是观察女儿的思想动态，及时跟女儿交流。

经过半年时间，女儿坚持跑步，戒掉了垃圾食品，不仅成功从130斤减到110斤，而且气质越来越好，身体越来越健康。

甚至有一天女儿问他，班里好几个男生给她写了情书，怎么办？

他又不失时机地教育女儿说："这是好事啊，窈窕淑女，君子好逑，很正常。你看看，你以前胖成那样，学习也掉下来了，哪个男孩会喜欢你呢？现在不一样了，你有了更多选择，不过现在我们不急，先把大学的目标立起来。"女儿的信心被充分调动起来，这位爸爸趁机激励女儿在学习成绩上要追上被保送清华的班长，也考到北京的学校。在这位爸爸的不断激励和陪伴下，他的女儿竟然考了639分，远远超出了她平时的水平。

如今，这位爸爸的女儿已经在中国传媒大学读大二，这位爸爸自豪地说："对一个父亲来说，能让女儿在成长的路上学会挑选，学会守住底线，学会化被动为主动，已经足矣。"

可以说这位爸爸是一个既有耐心又充满智慧的父亲，利用青春期孩子的特点，充分调动孩子的积极性，不伤害孩子的自尊心，还让孩子在各方面都得到了提高。

面对青春期的孩子，家长要注重自身的成长，多跟孩子交流，对孩子多关心、多鼓励，传递理解、信任和尊重，让家成为每个孩子心中温暖的港湾。其实，每个孩子内心都有一扇门，只要家长找到进入孩子心门的那把钥匙，奇迹就会发生。

亲子有效沟通技巧

莘县二中感恩父母活动

我们都知道沟通的目的是说明事情、表达情感、建立关系。能够达到目的的沟通就是有效沟通，而无法达到目的的沟通就是无效沟通。

在亲子关系中沟通是一个非常重要的环节，良好的亲子沟通是家庭教育的基础。有的父母很善于沟通，通过沟通了解孩子的内心需求，建立良好的亲子关系，达到教育目的；而有的父母却因为不善沟通，不仅没起到教育孩子的作用，反而使亲子关系陷入僵局。所以，亲子沟通也需要技巧。

沟通中的语言能给人以温暖，也能给人带来伤害。有的时候，语言上的伤害比身体上的伤害更加严重，身体上的伤痕是看得见的，语言上的伤害却是无形的，会储存在一个人的心灵、身体里，影响他的一生。

美国心理学家苏珊·福沃德博士曾说："孩子是不会区分事实和玩笑的，他们会相信父母说的有关自己的话，并把它变为自己的观念。"

在中国的家庭中，有不少父母"擅长"打击孩子，并把这种打击当作教育。但这种打击不仅不会起到教育作用，反而会给孩子的成长带来极大的消极影响。

父母的打击，给一个孩子带来的伤害不仅体现在当时，而且它像一团雾霾，时时笼罩在这个孩子的心头，甚至会伴随他一生。在父母的打击中长大的孩子，常常十分自卑，很难融入集体中，一生很难体验到真正的快乐。

与孩子沟通，首先要先站在孩子的立场上，认同他的感受，再去引导他正确的做法。要让孩子敢于在自己面前犯错误，感受到家人无条件的包容和接纳，这才是孩子能够听得进教育的前提。

教育要先讲爱，再讲理，如果总是"讲道理"而批评、指责孩子，孩子就对自己失去了信心，对父母产生逆反和对抗情绪，父母的道理就很难达到教育效果。

试想一下，如果自己总是被另一个人批评教育，你是愿意改正，还是想躲开他？

所以，在亲子沟通中父母应掌握一定的技巧和方法。

一、切忌用负面的语气与孩子沟通

所谓负面的语气，指带有指挥、命令、警告、威胁、责备、谩骂、讽刺、拒绝等负面意义的说话语气。

有些家长跟孩子讲话，态度强硬，总是用强硬和负面的语气。比如，王先生是一位机关干部，有一天他下班回家发现儿子在用手机发短信，他当时就很生气，说："给你买手机是为了你外出好联系，你发短信不耽误学习吗？"并命令儿子立刻关机，儿子平时很听话，从不敢反驳爸爸，什么也没说立刻关机了。第二天老师打来电话说他儿子没有完成作业，孩子说是因为没有记全，想问同学，被爸爸制止了。老师希望家长能够多与儿子沟通，不要太专制。

家长负面的语气，会让孩子们因为反感而疏离，或者出于恐惧不敢反驳，时间久了，亲子之间就会产生隔阂。所以，家长要尽量用正向的语言、平等的态度跟孩子沟通，营造彼此尊重、温暖的家庭环境。

二、当孩子有负面情绪时，家长要多安慰

寒假结束之后的第一天，小文的妈妈接到班主任的电话，说小文没有完成寒假作业，叫她把女儿接回去，完成作业再回来。因为女儿没有完成作业，老师不仅严厉地批评了小文，还让她在班里罚站，并让妈妈在全体同学面前把她接走，这让小文很沮丧。在回家的路上，小文妈妈也一路抱怨、打击、责备，小文一直沉默不语。到家之后，小文妈妈做饭，叫小文回自己的房间做作业，当她做完饭去房间叫女儿吃饭时，发现女儿跳楼了……

除了小文的心理太脆弱，需要进行必要的挫折教育外，小文的妈妈如果接了孩子后首先聆听孩子的心声，给一些安慰和鼓励，也许孩子不会那么绝望地离开这个世界，悲剧就可能不会发生了。孩子的心灵是脆弱的，他们希望得到家长的支持和理解，一句鼓励的话会使孩子信心百倍，一句粗暴的呵斥就会让他们的心灵受到极大的伤害。

三、认真倾听孩子而不是敷衍

小雪放学回家，认真地对爸爸说，学校让写一篇作文描写爸爸妈妈小时候的事情，让爸爸跟她讲讲小时候的事，爸爸一边看手机一边漫不经心地说："问你妈去！没看我忙着吗？"孩子又去找妈妈，妈妈连看也没看孩子就说："没看见我在做饭吗？问你爸去！"孩子失望地走了。

在这个家庭中，父母对孩子的问题敷衍了事，让孩子不知所措，很可能造成孩子以后不愿意与父母沟通。

四、沟通中多一些鼓励赞美

清代教育家颜元曾说："数子十过，不如奖子一长。"经常夸奖孩子，给孩子积极的暗示与鼓励，孩子会表现得越来越出色。

当孩子获得父母的赞美时，他就感到获得一种力量，这种力量是让他变得自信和积极向上的动力，会让他努力成为一个优秀的人。

有一个家庭，儿子学习成绩很差。过去，每当孩子考完试拿回试卷让家长签字的时候，夫妻两个都会大声斥责孩子，互相抱怨，争吵不休，结果儿子学习越来越差。有一次儿子考了全班最后一名，父亲很无奈，心里想：反正已经是最后一名了，打骂都没有用，死马就当活马医，听说赞美可以改变一个人，换一种方式试试。

于是，他接过儿子的卷子说："太好了，儿子，你以后的进步空间太大了，只要你努力一点，一定会有进步。"儿子愣住了，没想到父亲会这样说，为了不让父亲失望，儿子开始努力，结果下次考试，考了倒数第六，父亲说："太棒了！儿子，没想到你进步这么快！"慢慢地，在父亲的鼓励下，儿子从倒数第一成了前几名，自信心倍增。这位父亲庆幸自己改变了教育方式，把儿子的自信心找回来了，改变了儿子的生命状态。

这就是鼓励的力量，鼓励和赞美是沟通的法宝，尤其是在亲子沟通中，赞美可以给孩子积极的情绪体验和积极的品质，提高孩子的自我价值感。

五、与孩子沟通，不要只谈学习

家庭教育是在生活中进行的，有些家长把家庭教育跟学校教育混为一谈。家庭是生活的场所，家长是孩子最亲近的人，在与孩子的交流中，家长应多谈一些孩子感兴趣的话题，多一些生活上的关心。孩子在学校学习了一天，回到家父母除了逼着孩子学习，没有别的话题，这会引起孩子的反感，起到适得其反的作用。

在一份问卷调查中，孩子们心目中理想的家长是这样的。

（1）我心目中的家长是和蔼可亲的，在我情绪低落时，他们给我安慰，给我温暖；在我成绩差时给我信心，让我相信自己；在我有一点成绩时，能及时鼓励我，让我再接再厉，更上一层楼。

（2）我心目中的家长，是能在我做错事时指出我错在哪里，并且告诉我如何才能做好，而不是只会臭骂一顿。

（3）我心目中的家长，能让我在挫折面前鼓起勇气，努力克服困难，而不是只会泼冷水，说什么，"你现在不好好学习，长大了就去'要饭'"。

（4）我心目中的家长是在我摔跤时，拉我一把，让我继续走，而不是责骂或者把我重新拉入他们怀中。

六、孩子最害怕的沟通方式

问卷中,孩子最害怕听到的话如下。

(1)"笨蛋,没用的东西。"

(2)"你就是一个废物。"

(3)"看看人家的孩子多好啊。"

(4)"你太失败了,你没希望了。"

(5)"你是我的孩子就该听我的话。"

(6)"再不听话扣你零花钱。"

(7)"你再犟就打你。"

(8)"我说不行就不行。"

(9)"我再也不管你了,随你的便好了。"

(10)"你考好了才给你买。"

(11)"你做出这种事来,让我的脸往哪儿搁。"

(12)"你又犯错了,简直是不可救药了。"

如何从孩子不良行为背后发现其心理需求?

现实生活中,家长们总会面临这样的问题:平时乖巧听话的孩子突然变得执拗起来,打人、插话、撒谎、发脾气、不合群……其实,每一个孩子的不良行为背后都有一个看不到的心理需求,揭示出隐藏在孩子行为背后的需求,做到对症下药,家庭教育将达到事半功倍的效果。

菲菲有个坏毛病,就是每当上课或闲暇的时候,就咬手指甲。家人和老师提醒她多次,可她怎么也改不了。有的时候把每个指甲都咬得光秃秃的,流出血来。菲菲也知道这个行为不好,她说咬指甲盖时,脑子里就一阵"短路",控制不了自己的行为。有时候也会因为咬手指甲漏听老师讲课的内容,自然也就影响到了学习成绩。她也很想改掉这个行为,也曾尝试着不去咬,但每次一上课或者有空,就会下意识地举起手放到嘴里。

对于上文中的菲菲,老师了解到,她的爸爸在她上小学时就为了生计出了国。因为工作繁忙，爸爸很少打电话回来。她很懂事，从不说想爸爸。七年级时学校安排了一次亲子活动，看着其他同学都有爸妈陪伴左右，菲菲的心里很失落，回家后，便偷偷躲在被窝里哭。从那以后，菲菲就开始咬指甲了，至今已经持续了四年。

后来妈妈带她找了专业的心理咨询师，咨询师告诉妈妈别担心，对孩子的这个"坏毛病"，大可视而不见，同时，通知孩子的爸爸，尽量多地打电话回来，与孩子多聊聊天。用不了多久，菲菲会回归正常的。

半年过后，菲菲妈妈高兴地说："孩子不咬指甲了。"

行为是心理的一种外在表现。要解决孩子的问题，需要了解她这一行为背后内心真正所需要的是什么。

由于父亲长期不在身边，孩子的内心极度缺乏安全感和父爱，于是通过咬指甲来补偿内心爱的缺乏。其实孩子的不良行为背后，大多数是由于内心缺爱所致。

在一次家庭教育讲座中，一位家长说："我的儿子在家常常尖叫和发脾气，最近又被老师投诉，说他在学校打同学。虽然他说知道自己做错，并答应以后不会再犯，但问题仍然重复出现。无论我怎样问他，他总是说不出原因来。我该怎么办呢？"

面对孩子的不良行为，父母当然会感到担心和失望。因为父母都是希望培育好子女，使他们成为一个成熟和具有责任心的人。然而子女成长，总是会出现很多令父母意想不到的状况。父母当然要引导子女，规范他们的行为，但只着眼于消除表面行为，而忽略行为背后的原因的话，很多时候，也只能收一时之效。长远而言，孩子也有可能继续以不适当的方法，去解决内心的困扰。

那么，孩子出现不良行为的原因是什么？我们往往对孩子的内在一无所知，我们总是不知道他的内在生命到底在发生什么。而这些发生，甚至比身体的成长更为重要。我们也不知道我们做什么令孩子受益，我们做了什么会令孩子受伤。身体是有形的，相对易于观察。心理、感觉、精神是无形的，更需要父母了解。

人本主义心理学家罗杰斯认为，每一个人都有不断成长的内在动机，且拥有巨大的内在资源，人们会去了解自己和改变自己的思想、态度和行为，达至自我实现。对待孩子也是这样，事实上，没有一个孩子是想做错的。

孩子的不良行为，往往只是反映了他们内心的困扰及其所产生的负面情绪。这些困扰大多来自成长过程中一些未满足的需求，如缺乏依附的安全感、对自我价值的怀疑、缺乏自信等，可以归纳为爱的缺乏。

"爱"是个宽泛的词语，具体说来，需要爱，就是需要别人关注、认可、尊重、重视、接纳、包容……

假如父母未能及时察觉孩子这些需要和感受，孩子很容易会以不适当的方式，去处理这些不安情绪和压力。因此，问题的重点不单单在于消除孩子的不良行为，而是父母如何有效地响应孩子行为背后那些被忽略的情感需要。

如果父母能够提供一个有利的成长环境，让孩子在安全的关系中，感受到真诚、接纳。这样，孩子便自然能发展出成熟和健全的人格。

事实上，很多父母也希望能了解孩子的内心世界，只是因着孩子年纪小，往往无法清晰地表达自己的想法和意图，而父母也不知从何入手，去找到孩子内心的答案。

其实，人际沟通中只有约7%是口语信息，我们大部分时间都是透过非语言的沟通方式来传递讯息，包括眼神、表情、肢体动作、语气等。即使初生婴儿，也能以非语言的沟通方式表达他们的喜好和感受，而父母也能了解及响应他们的需要。只是当孩子开始学会以语言表达后，父母很容易会依赖语言的沟通，而忽略孩子非语言所表达的讯息。

孩子只有感受到自己的需要和感情是被接纳和肯定后，才能有足够的力量去反思自己的行为及其对别人的影响。因此，假如父母能多接纳、响应孩子行为背后所经历的挫折感和愤怒，并信任孩子是有能力从错误中学习的话，孩子便能在安全的信任关系中成长，成为一个成熟和负责任的人。

孩子的不同不良表现，不仅是缺爱程度的不同反映，更是索取爱的方式的不同反映。不同的性格，决定了不同的索取爱的方式。

比如，常见的生气，就是"我需要你"。因为没有办法说出"我需要你"，就只好用生气来表达了。"你让我等了很久，我很生气"，实际上就是"我觉得你不重视我，我希望你能够多给我一点的重视"。

比如，有一个男孩在下雨天看到同学的父母来接同学，而自己的父母都没有来，他感觉很失落，他无法说出自己的想法，回家的时候就对父母莫名地发脾气，其实他心里的愿望是"爸爸妈妈我希望你们也像我同学的爸爸妈妈那样下雨的时候来接我一次"，他只是通过发脾气的形式表达自己的不满。

有的时候在孩子的认知里，认为有一些不良行为，家长就会来关心他、关注他了。

孩子没有办法说出来的需要，就会以情绪的方式表现给家长和老师看。希望家长能识别，然后来满足他。

孩子对家长有情绪，只不过是因为需要家长。另外，孩子还有被认可的需求。有的孩子很在意自己的名次和分数，甚至不惜作弊，在他的潜意识里有一个幻想："我优秀，父母才会喜欢我；我很乖很听话，父母才会喜欢我；我努力成为他们期待的样子，父母才会喜欢我；我把自己装扮成他们喜欢的样子，父母才会喜欢我。"

孩子会惯性地把父母的喜欢归因于自己做得好，把父母的不开心归因于自己做得不够好。一个人不相信真实的自己是可爱的，就会拼命以优秀来换得别人的爱。

心理学研究告诉我们，行为由动机而产生，而动机源于需求。找到隐藏在孩子行为背后的需求，做到对症下药，家长的教育将达到事半功倍的效果。

家庭教育实用工具

家庭教育不是听几场报告或读几本书就能完成的，家庭教育也需要给家长具体工具，才能达到教育目的。运用家庭教育工具，可以让家长在学习了一些先进理念和科学方法后，在家庭教育中具体使用。运用这些工具可以使家长和孩子都得到成长，同时培养孩子终身受益的品质，加强家庭成员之间的合作与亲密感的建立，提高家庭解决问题的能力。那么家庭教育有什么实用工具呢？

一、召开"家庭会议"

召开"家庭会议"的做法，参考了美国教育家简·尼尔森、心理学博士琳·洛特和演讲家斯蒂芬·格伦所著的书《正面管教 A－Z》中的理念。

父母通过提议把问题放到"家庭会议"的议程上去解决，能避免与孩子之间的很多争吵，对培养孩子的能力和解决管教方面的问题非常有益，同时也是加强家人之间的合作和亲密感的好办法。

从"家庭会议"中得出的解决方案之所以有效，是因为问题在"家庭会议"上提了出来，家长和孩子共同想出了解决方案。孩子是在执行家庭（包括自己在内）的决定，而不是家长单方的规定。规定适用于全家每一个成员，包括父母。

（一）召开"家庭会议"的目的和作用

1. 解决问题

无论孩子的问题还是家长的问题，都拿到"家庭会议"上来讨论。在"家庭会议"上家长和孩子分别发表自己的看法，表达自己的意见，最终达成一致。这种方式充分体现了家庭的民主和谐气氛，可以避免家长的独断专行，可以培养孩子解决问题的能力。在"家庭会议"中，孩子感觉到自己被尊重、被接纳，家长和孩子是平等合作的关系，这样更有助于问题的解决和家庭成员的共同成长。

2. 计划家庭活动

比如，添置物品、外出旅游、家庭娱乐活动、家务的分工等都可以通过召开"家庭会议"来决定。

3. 制定和修改家庭公约

家庭公约是家庭成员的行为准则，家长、孩子都要遵守。

4. 增进家庭成员之间的感情

通过召开"家庭会议"可以增进家庭成员之间的感情，加强沟通，互相了解，增加生活乐趣。

5. 使孩子获得归属感和价值感

通过召开家庭会，让孩子感受到家庭的温暖从而获得归属感和价值感。

(二)召开"家庭会议"的注意事项

(1)提前准备发言棒,提前确定主持人、记录人和议题。

(2)在"家庭会议"中,问题的解决方案要全体同意才能通过。

(3)家庭成员之间要平等、互相尊重。

(4)家长注意倾听与回应,避免情绪化。

(5)记录员做好记录。

(6)如果一次会议不能解决,可以暂停,下次继续讨论,直到达成一致。

(7)召开"家庭会议"要制度化,定期召开,坚持下去,不能半途而废。一般一周一次,有重大事情也可以随时召开。

(8)如果有较为严重的家庭突发事件,要等双方都冷静下来再召开"家庭会议"。

(9)召开"家庭会议"的时间不宜过长,每次不要超过1小时。

(三)召开"家庭会议"的原则

(1)家庭成员围成一圈。

(2)尽量让孩子来做主持人。

(3)由主持人宣读议题。

(4)每个人发言的时候要以问好作为开始,以"谢谢"作为结束。

(5)家长切记不要对孩子的发言做出评论。当发言棒传到家长手里的时候,家长才可以提出建议和指引。

(6)一般情况下,允许家庭成员听了别人的发言产生新的想法并再度发言,这时要举手并取得发言棒。

(7)议题的提出者有权选择自己觉得最好的建议。

(8)经过"家庭会议"通过的决定,家长和孩子都要执行,违反要受到惩罚。

(9)每次"家庭会议"可以有一个也可以有多个议题,有多个议题时要逐一讨论。

二、指导父母写"家庭日记"

父母写"家庭日记"的目的是记录孩子的成长和好的言行,以及父母的反思。写"家庭日记"便于亲子之间的沟通交流,目的是关注孩子的心灵成长。

通过记录孩子的好的表现,让孩子感受到父母除了在物质上对他关心外,还在精神上给他们更多的关注,会促使孩子反思,进一步注意自己的行为。

"家庭日记"代表了父母的一份真诚和用心。通过记日记,让孩子知道哪些行为是对的,哪些行为是不对的,并积极调整自己的行为。这种教育效果,比任何说教都管用。家长写日记的过程也是自己反思的过程,从而避免情绪化和不当的言辞。

当孩子看到自己的言行(尤其是好的言行)被记录下来时,会有一种极大的满足感,这种满足是任何物质代替不了的。

(一)写"家庭日记"的重要性

(1)帮助父母提升自我觉察能力,做称职的父母,促进孩子身心健康发展及家庭幸福。

(2)坚持记录孩子的成长和父母的反思,也是对孩子另一种形式的陪伴。坚持下来,孩子和父母都会受益很多。

(二)写"家庭日记"的注意事项

(1)写"家庭日记"主要是记录孩子"善"行"善"举,起到激励孩子的作用,不要写成"犯错"记录。孩子的不良行为可以在"家庭会议"上解决。

(2)写"家庭日记"要实事求是,不要夸大也不要故意"谦虚",忽视孩子的良好行为。有的父母怕表扬孩子会让孩子骄傲,故意把孩子好的言行忽视或轻描淡写,一笔带过,这起不到激励的作用。

(3)写"家庭日记",父母要反省自己,及时纠正自己的言行。如果自己错误的言行给孩子造成伤害,要及时修正自己的行为并给孩子道歉。

(4)"家庭日记",当然要每天坚持写,记录孩子和家庭生活的点点滴滴,无事可说简单记录,有感而发就多写详写。

家庭教育是一个漫长而艰辛的过程,将会持续一生,这需要每一位家长付出耐心和爱,陪孩子慢慢成长。

第四编　素质教育的多维度探索

由于每个人的角度不同，给素质教育所下的定义也不尽相同，尽管表述不一，但有着共同的特点，那就是认为素质教育是以全面提高全体学生的基本素质为根本目的的教育。

素质教育既是促进学生个性发展的教育，也是促进学生全面发展的教育，这是从教育对所有学生的共同要求的角度来看的。但每一个学生都有其个性，如有不同的认知特征、不同的欲望需求、不同的兴趣爱好、不同的创造潜能，这些不同点铸造了一个个千差万别的、个性独特的学生。因此，素质教育还要尊重并充分发展学生的个性。山东莘县二中在素质教育方面做出了多维度的探索，提出了"为每一个孩子提供适合的教育"的理念。并实施全员育人导师制。多年的实践证明，莘县二中的育人模式理念先进、方法科学、可操作性强，为学校素质教育提供了有力的抓手和有效载体。

下面介绍莘县二中在素质教育方面所走过的历程，或许可以为其他学校提供一些方法和路径。

全员育人导师制

一、实施全员育人导师制的背景

党的十八大报告强调"把立德树人作为教育的根本任务"，党的十九大报告进一步强调"要全面贯彻党的教育方针，落实立德树人根本任务"，这要求学校必须采取有效措施，把立德树人落到实处。

莘县二中是一所县域薄弱高中，生源为中考5000名之后的学生。这些学生相对来说学习兴趣不高，学习动力不足，由此导致学生辍学率高，高考本科升学率低，家长满意度低，社会评价不高。基于以上问题和现状，为了促进每一个学生成人成才，树立和践行社会主义核心价值观，提高学校教育教学质量，莘县二中领导立足学校实际，探索了一个"立德树人"的机制。莘县二中于2011年开始实施全员育人导师制，坚持全人员育人、全过程育人、全领域育人，提出了"为每一个孩子提供适合的教育"的理念，切实为学生的健康成长保驾护航。

二、全员育人导师制的基本理念

(一)全人员育人：全员参与，人人有责

学校探索实施了全员育人导师制，使德育成为每个人的"分内事"。上至校领导，下至普通教职员工，都担任学生"导师"，都参与育人。每个班由班主任任"主任导师"，其他任课教师任"导师"。主任导师和导师均负责所执教班级的一个或几个学生小组，对学生从学习、生活到德育等各个育人环节上进行全方位的指导与帮扶。

导师在履行育人职责时采用"三导"策略，即导心、导学、导行。"导心"包括对学生进行思想引导与心理疏导，引导他们养成良好的道德品质，及时为学生疏解心理问题，使其健康阳光地生活与成长。"导学"包括指导学生学会做人与学会学习。"导行"指导师引导学生把优良品质落实到学习、生活中去，从小事做起，践行美德雅行。例如，通过社会实践课程组织学生给父母洗脚、到敬老院献爱心活动，培养学生感恩父母、尊老敬老的优秀品质等。

(二)全过程育人：无缝管理，关注细节

学校要求做到全程育人，导师将育人工作开展至学生每天学习生活的每一个环节和高中阶段成长的全过程，不放过每一个细节，对学生进行尽可能全面地呵护与帮扶。导师通过活动指导、沟通交流、参加由主任导师牵头组织的班教导会和进行育人集体备课等活动，将育人落实到每一个环节。

(三)全领域育人：显隐结合，四位一体

莘县二中充分发挥教学、管理、服务等各方面的育人功能，形成了课堂育人、活动育人、评价育人和文化育人的四位一体、显隐结合的育人网络。课堂育人是基本，活动育人是关键，评价育人是导向，文化育人是保障。

三、全员育人导师制的具体实施

(一)实行全人员育人,进一步落实教师教书和育人一岗双责制度

全员育人导师制下的班主任任主任导师,其他任课教师为导师,对学生实现全方位、全时空的管理与帮扶。学校要求导师坚持"情·理并融"育人理念,以情动人、以理服人,切实发挥思想引导员、课业辅导员、心理疏导员、生活指导员、成长向导员的作用,针对每个学生的个性特征,制定指导方案,关注学生日常学习生活和身心健康成长。在履行育人职责时采用"三导"策略,即导心、导学、导行。"导心"包括对学生进行思想引导与心理疏导,导师及时了解学生的心理状况和情绪变化,疏导学生的不良情绪和心理压力,引导学生正确对待和处理挫折与烦恼,激发和增强其自尊、自爱、自强、自信意识,培养学生阳光积极、健康向上的精神风貌,引导他们形成良好的道德品质。"导学"包括指导学生学会做人与学会学习,要求导师引导学生形成热爱祖国、热爱学校、热爱大自然、勤劳善良、诚实守信、乐于助人等优良品质,践行社会主义核心价值观,做一个对社会有用的人;帮助学生进行学业分析,指导学生制订学习计划、端正学习态度、激发学习动力、养成良好学习习惯、改进学习方法、提高学习效率。"导行"要求导师帮助学生全面认识自我,明确发展方向,根据学生自身个性特点,指导学生做好学习生涯规划和发展规划,引导学生培养、发挥兴趣特长,为学生的终身发展引路和奠基;引导学生把优良品质落实到学习、生活中去,从小事做起,践行美德雅行。

(二)实行全过程育人,"情·理并融"育人理念贯穿学生高中学习全过程

教育无小事,事事是教育;教育无间歇,时时需教育。学校以育人为根本,要将育德与育才贯穿于学校全部工作的始终,坚持育德与育才相统一,决不能顾此失彼,更不能只重育才而轻育德。因此,莘县二中实行"全过程育人",立德树人工作贯彻学生高中生活的每个阶段、每个环节。

学校坚持学生为本,要求导师做到全过程育人,从高一新生入学第一天(实际上从学生接到莘县二中的录取通知书时就已经开始了)

到高三学生毕业离开学校的最后一刻，从学生每天的早起到晚上的就寝，从课堂到课外，从在校学习期间到寒暑假期间，导师要将育人工作开展至学生每天学习、生活的每一个环节和高中阶段成长的全过程，不放过每一个细节，对学生进行尽可能全面的呵护与帮扶。

高一新生在来莘县二中报到前，都会拿到一封致新生的信，要求学生在入学前的日子里给父母尽孝，为父母做点事，培养学生的感恩之心；指导学生遵守交通规则，注意安全，增强学生的安全意识、法制意识。入学后从第一天的军训开始，要求学生每天晚上坚持睡前洗脚，直到高三毕业，培养学生良好的生活习惯、卫生习惯、毅力和耐心。课堂上教师通过组织学生自主学习、合作学习，培养学生的自信心、团队意识和合作精神。活动课上，导师和学生一起进行有趣的体育活动，锻炼体质，培养学生的协作精神、互助精神。

(三)实行全领域育人，强化教学、管理、服务、文化的育人功能

课堂教学是育人的主渠道，把德育的核心内容有机分解到每一门课程，充分体现每一门课程的育人功能、每一位教师的育人责任。只有充分挖掘每门课程的育人功能，才能更好地落实德育目标，在育才的同时做好育德。在经济社会和信息技术飞速发展的今天，学生除了接受学校教育外，其成长发展还会受到社会的重要影响。因此，除了重视课堂教学这个第一课堂的育人功能外，学校还重视第二课堂（生活和社会）、第三课堂（网络）的重要作用，充分利用和加强第二课堂的文化育人、实践育人功能，引导学生正确使用网络，促进自我健康成长，发挥第三课堂的正能量。

学校管理(后勤)不是育人的主阵地、主渠道，但它是学校全员育人导师制工作系统不可分割的重要组成部分，是高中学生生活教育、道德教育的重要阵地，其根本任务与教学具有高度一致性。后勤以日常服务与管理为载体，在学生情感体验、审美情趣、思想道德、行为规范及实践能力养成上，发挥教育、引导、感染作用，施以正面、积极、长远影响，促进学生身心健康发展。加强管理工作制度、文化建设，充分挖掘管理的育人功能，有利于增强学生的养成教育。

一所学校无论有着怎样丰厚的物质条件，如果没有积极向上、符

合时代要求的校园文化做保障，它也不可能为受教育者提供优质的教育。校园文化的独特价值主要表现在它的凝聚力和创造力上。作为一种环境教育力量，校园文化表现出一个学校整体精神的价值取向，是具有强大引导功能的教育资源。校园文化潜移默化地影响学生的人生观、价值观，健康、向上的校园文化对学生的品性形成具有渗透性、持久性，对于提高学生的人文道德素养、拓宽学生的视野具有深远意义。

莘县二中结合学校、学生实际和信息技术的发展，探索实施了"情·理并融"的"一五三"课堂教学模式，通过自主学习、微课助学、讨论释学、小组评价等活动，培养学生良好的学习习惯、自主学习能力和合作学习能力，锻炼、发展思维能力，增强学生学习的自信心。学校不断完善各方面管理制度和设施，例如，加强餐厅管理、提升服务质量和水平，引导学生自觉排队就餐，勤俭节约；加强宿舍管理，引导学生自觉维护宿舍卫生和纪律，创造良好的休息环境。

莘县二中坚持"为每个学生提供适合的教育"的理念，积极营造充满温度的校园文化。从校园到教室内部，从楼道、楼梯到教室走廊，从餐厅到宿舍，我们设置了不同特色的图版、雕塑、宣传标语，还有校报、校广播站和学生电视台，使学生时时刻刻处于优秀文化熏陶之中。通过文化长廊、校园学生电视台、校《晨风报》及学生主持专题班会等，形成尊重、关爱学生的校园文化；建立自主管理制度，成立学生自我教育管理中心，让学生积极参与学校与班级各种规章制度的制定，实现学生的自主管理；将尊重与关爱渗透进课堂教学之中，欣赏学生的每一个闪光点，关注学生的情感体验，为学生创造自主学习、自主展示的空间。学校充分利用信息技术，加强学校网站、微信群、校工作平台、教学平台建设，充分发挥了网络的育人功能。

(四)强化育人小组建设，培养学生的自我教育与自我管理能力

长期以来，学校面对客观实际，采用传统班级授课制的教学方法，按统一的课程标准，在统一的教学要求、教学模式下进行。教师从备课、授课、作业、辅导、考查到评价，很少顾及优、中、差各类学生的智能差异，采用"一刀切""一锅煮"的方法进行教学，使得优生吃不饱，后进生吃不了，中等生吃不好。教师因精力所限，无法顾及每一个学生的发展，也很难顾及不同层面的学生，势必影响到学生的个性需求和个性发展。同时，由于群体太大，学生的竞争意识、团队意识、合作意识等也不易形成，导致教育适合性的丧失。长久以来，导师小组的功能也一直被局限在教学活动过程中，鲜有人关注将导师小组功能进行多元化、全方位拓展延伸的问题。在全员育人导师制下，学生根据科学的分组方式被分为不同的小组，导师对所负责的小组成员从学习、思想、生活等各个育人环节上进行全方位的指导与帮扶，导师小组既有学习小组的功能，育人的功能也非常突出。

1. 合理分组

莘县二中坚持"双向选择、均衡兼顾"的原则，合理划分导师小组。以48人的班级规模构建6人合作小组的操作程序为例，全班可以组成8个合作小组，采用"1+N"模式，每个导师负责2~3个小组。每个导师组的学生尽量分在同一宿舍，在教室内坐在同一区域。每个学生的纪律表现、成绩进退、值周情况等通过量化落实到每个导师身上。每个班级的导师由年级组统一调配，主要根据导师的任教班级、任教学科、教育水平、兴趣特长、年龄、性别等进行分配，例如，尽可能地将任教音乐、体育、美术等具有艺体专长的教师平均分配到各个班级，尽可能地照顾到班级之间的均衡性，以便顺利开展导师工作。

2. 推进组长负责制

一个优秀的小组长，能够成就一个优秀的小组。推举小组长时，应该考虑班级与小组的特点，选择适当的方法。例如，可先由班级成员自愿报名，再通过导师和学生的选举确定小组长人选，而后经过一个星期左右的"试用期"，如果发现小组长管理不当，或小组长本人有意见，就再从备选小组长中重新调配，直至最终确定小组长人选。小组长一经确定，就要对他们进行培训，增强他们的工作能力。小组长应该发挥领导作用，与导师、班委共同组成班级的管理机构；组织、调动本组成员进行小组建设，制定小组的基本文化符号；负责将各项工作分配给组内成员，确保指导有方、管理到位；协调组内各成员的学习与生活关系，当好调解员，处理各种矛盾；定期组织召开小组反思会，认真剖析组内的阶段运行状况，自查自纠问题，让小组在反思中成长。

小组的各个成员都有分工，实行"一岗双责"或"一岗多责"，即每一位学生都应担任一种特定的角色，如学科组长每科一人（可兼任），对应班级的各学科课代表，负责该学科作业的收发、课堂的讨论、问题收集等工作。另外，每个小组成员轮流担任值日组长，对本小组的纪律、卫生、活动等常规工作进行管理，还有资料员、追问员、点赞员等。这样，每个学生都具有相应的职务，他们的主人翁意识大大增强，调动了每个成员的积极性。同时，一段时间后，小组角色可互相轮换，增强学生互动的有效性。

3. 加强小组文化建设

（1）创设个性化的组名。各小组根据自己的特点，创设自己富有个性、积极向上、朝气蓬勃的组名，如"开拓者""雄鹰展翅"等，使本小组成员相互鼓励、奋发向上、团结合作。

（2）创建个性化的组训、组歌、组徽。小组成员通过讨论选择名言警句，形成自己的组训，以便激发小组的进取心、凝聚力，如"超越自我，奋力向前""携手共进，坚持到底"等。各小组自己选择或者创作组歌，组歌要求具有时代性，内容积极向上，如《相信自己》《红旗飘飘》《启程》等。个性化组徽不仅是小组文化的一个重要标志，其创作的过程本身也是小组创意发挥、能力提升和智慧生长的过程。同时，制作小组标志牌，将自己的组名、组训、组歌、组徽全部书写到标志牌上，放置到本组成员桌面，时刻警醒、激励团队永远向前。

（3）确定小组奋斗目标。小组讨论制定本小组阶段目标和长期奋斗目标。在遵规守纪、行为习惯、活动参与、学业成绩等方面要达到什么目标，在班级的所有团队中要达到什么样水平，要求目标清晰、人人明确。

（4）各小组利用信息技术把上述各项内容做成小组介绍视频，上传到网上，并生成二维码。导师、学生和家长都可以扫码观看，了解小组建设和发展情况。

(五)编写《成长记录》，打造导师育人工具和学生自我教育成长的平台

中学时期是一个人成长的黄金时期，在这个阶段，一个人的思想意识、人生观与价值观会逐渐形成并稳定下来。在本阶段，给学生以怎样的教育引导，对他们今后一生的发展具有决定性的意义。其中，教他们怎样认识与评价自己，培养他们自我认知、评价、反思与自我校正的习惯是每一个教师应该肩负的重大任务。《成长记录》就是学校引导学生进行自我认知、自我评价、反思与自我校正的工具与平台。学生通过每天填写《成长记录》，回顾一天的学习与生活，体验学习成功的愉悦，加强情感与生活体验。同时，学生会在《成长记录》中总结一天的成长情况，在自我总结与反思中找到自己的优点，发现自己存在的问题，从而形成对自己的深度认知，进而对此做出客观的评价，为今后的学习与生活中校正偏差奠定思想基础，而这种校正的过程就是学生自我发展与完善的最主要途径与方法。

《成长记录》的编写以道德培养主题为引导，以单元为模块进行推进。在编写《成长记录》的过程中，学校充分考虑学生的年龄阶段与培育目标，将培养主题与目标具体化、小型化、系统化，从而构成若干德育主题。这些主题既符合落实习近平总书记新时代中国特色社会主义思想和践行社会主义核心价值观的要求，又切合学生的成长规律，符合学生认识的发展水平，使主题具有时代特色和生活特色。例如，根据高中三年学生学习生活的不同特点，学校分别编写了适合不同年级学生使用的《成长记录》：高一"起跑线"，高二"成长线"，高三"冲刺线"。

(六)开展形式多样的教育活动，提升学生思想道德修养

《中共中央国务院关于加强青少年体育增强青少年体质的意见》指出："青少年时期是身心健康和各项身体素质发展的关键时期。青少年的体质健康水平不仅关系个人健康成长和幸福生活，而且关系整个民族健康素质，关系我国人才培养的质量。"很多学校虽然安排了阳光大课间活动，却存在这样那样的问题。例如，有的只注重形式，不注重内容，让学生在校园里自由活动，或者把学生集中在操场内自由活动；有的只有班主任带领学生活动，其他任课教师从不参与；有的把大课间活动变成了体育课等。这样的大课间活动，造成师生人力的浪费、时间的浪费，学生兴致不高，反而感到身心疲惫，参与的积极性不高，活动效果不理想，更没有发挥出大课间活动的育人功能。

莘县二中开设活动课，有明确的计划性和目的性，有一定的教学策略、必需的教学环节和教学效果测评。例如，导师要精心备课，写好活动课教案，安排好每天的活动内容，课后写活动反思；学校德育处组织人员组成督查小组，对活动课上导师和学生的活动、表现进行检查评比。活动课坚持以学生为主体，以教师为主导，充分发挥学生的主动性，把促进学生健康成长作为出发点和落脚点。活动课内容丰富，如跳绳、踢毽子、体操、羽毛球、排球等。活动课做到了以下几个固定。第一，固定活动时间。周一至周五每天下午3点50分至4点30分为课间活动时间，导师与本小组学生一起活动。第二，固定活动地点。每个班、每个小组都有固定的活动地点，更有效地利用了时间，也便于检查与督促，提高了育人效率。第三，固定活动内容。学校规定每周一下午是导师和学生谈心的时间，学生就学习、生活、心理等方面的想法和存在的问题与导师进行交流，导师对学生心理进行疏导，引导学生树立积极健康的心态。周二、周三、周五下午的活动课是导师和学生共同进行游戏、体育活动的时间，导师和学生在活动中享受游戏、健康的快乐。周四下午的活动课，是学生社团活动时间。在设置社团时，充分考虑和尊重每个学生的特长和兴趣，在各年级确定了球类、棋类、艺术等多个社团。

在各类活动中，学生不断挑战自我、超越自我，增强意志力、自信心；在与同学的合作、竞赛中，学生的团队精神、合作精神、创新精神、竞争意识得以培养和增强，学生之间的友情加深，同学关系更加和谐友好。活动课增加了老师和学生在一起交流、活动的时间。通过活动课，导师每天和学生们谈心、一起游戏，在一起的时间多了，交流的机会多了，才真正了解了学生，聊天谈心、说服教育真正深入学生内心，触及学生心灵。导师在与学生的活动中，加深了师生感情，得到了学生的信任和尊重，真正体会到做老师的幸福和快乐。

除了每天的活动课，学校还开展了丰富多彩的教育活动。

一是开展节日纪念日活动。学校利用春节、元宵节、清明节、端午节、中秋节、重阳节等中华传统节日以及二十四节气，开展校内外文化活动，增强传统节日的体验感和文化感，弘扬和传承优秀传统文化，增强文化自信、民族自豪感；利用雷锋纪念日、国家公祭日、宪法日、建党节、建军节等纪念日，开展相关主题教育活动。例如，春节期间，组织学生开展春节民风民俗调查活动，使学生更加深入地了解春节文化；重阳节时，组织学生到敬老院慰问老人，培养学生尊老爱老情感；宪法日组织学生学习宪法，增强学生尊法、守法、信法、护法意识。

二是开展节庆日活动。学校利用植树节、劳动节、青年节、教师节、国庆节等重大节庆日，集中开展爱党爱国、民族团结、热爱劳动、尊师重教、爱护环境等主题教育活动。例如，植树节时，组织学生参加植树活动，增强学生热爱自然、热爱环境、爱护环境的意识；青年节开展纪念五四运动活动，组织学生学习中国历史，使学生牢记历史、牢记使命，增强爱国主义精神。

三是开展仪式教育活动。学校坚持每周一早晨举行升旗仪式，并由老师或学生做国旗下演讲。每学期开学初都举行新生军训开营仪式和开学典礼，加强对学生的爱国主义、纪律观念、各方面良好习惯的教育。高考结束后一周，学校组织高三全体师生举行毕业典礼，培养学生热爱学校、感恩老师的情感。

四是开展社团活动。学校根据导师特长和学生兴趣，开设了球类、棋类、艺术类等多个社团，如篮球社、羽毛球社、排球社、中国象棋社、音乐社、书法社、美术社、舞蹈社、摄影社等。社团活动的育人目标突出学生道德信念、兴趣爱好、理想信念的培养，引导学生坚定自己的道德信念，提高道德评价能力，增强践行社会主义核心价值观的自觉性；培养自己的兴趣爱好，陶冶个人情操，提升自身综合素质；树立远大理想，坚定自己的信仰信念，增强责任感、使命感和担当精神。

五是开展社会实践活动。学校充分利用传统节日、寒暑假、社团活动、开学典礼、毕业典礼等积极开展研究性学习和社会实践课。这类课程要求学生积极参与,认真完成,有专门的老师进行指导,最后学生要写出学习报告。通过这类课程,培养学生热爱家乡、热爱优秀传统文化的情感,促进学生核心素养养成。

(七)开设主题班会课,深化德育内涵

主题班会是班级教育活动的形式之一,是老师根据教育教学要求和班级学生的实际情况确立主题、围绕主题开展的一种班会活动。通过主题班会来澄清是非、提高认识、开展教育,对促进学生的成长和树立正确的人生观都起着重要的作用。

莘县二中创新主题班会形式,开设主题班会课,坚持以学生为本,让导师和学生都充分参与到主题班会中来。学校坚持每周至少上一次主题班会课。

主题班会的召开分为两个阶段。第一阶段,周日晚上,各班主任导师(即班主任)和导师召开碰头会,学校德育处和年级安排专人进行督促检查。学校把这个制度称为"主题班会预备会"制度。召开主题班会预备会,各班主任导师和导师就一周来的导师工作情况和班级学生情况进行全面交流,讨论下周一主题班会内容,确定班会主题及班会程序。第二阶段,在周一下午第三节课召开主题班会。班会主持人或是主任导师,或是导师,或是学生,完全由各班视班会需要自主决定。班会内容也由各班根据学校、班级和学生的需要灵活安排。班会形式多样,有时在室内,有时在室外,也由各班主任导师和导师根据实际需要共同研究确定,不呆板、教条。

为突出养成教育,培养学生健全的人格、优良的道德品质,学校会确定一学期主题班会的主题范围,主要解决高中生在成长过程中从思想品德、心理健康到学习方法的各种困惑,让他们走出在人生发展关键期的迷惘,培养健全的人格和积极向上的心态,引领学生自主探究"我是谁""我要干什么""我到底要怎样发展"的问题,从而使学生树立正确的人生观、世界观和价值观。这是学校全员育人导师制的一大特色,它打破了以往主题班会乱而无序的现象,形成了一套完整的体系,适合高中各个阶段学生的需要和发展。

主题班会课还与学生生涯规划教育密切结合，结合普通高中学生生涯规划课程，导师设计、组织不同专题的主题班会课，加强对学生生涯规划的教育与引导，指导学生做好高中学习规划、人生成长规划，引导学生树立远大理想目标，激发学生积极向上、永不言败、相信自我、追求成功的信念，并使学生把这些信念外化于行，落实到高中学习生活和今后人生的每一天。

四、全员育人导师制的实施效果和影响

通过实施全员育人导师制，莘县二中的立德树人工作取得了显著成效，学生养成了良好的道德品质和行为习惯，校园内处处洋溢着崇学向善、积极向上的浓厚氛围。

全员育人导师制增强了学生的学习兴趣，提高了学习质量和效果。学生从刚刚入学时的"不想参与"、课堂上老师提问时的鸦雀无声，到现在的"争先恐后"、课堂上回答问题时的激烈争论；从当初的"要我学"到现在的"我要学"；从原来的不会学到现在的会学习（自主探究、合作交流、观看微课、网上互动等），绝大部分学生有了较为明显的改变，其学习成绩有了较大提升。有很多高一入学时成绩并不突出的学生到高一上学期期末考试时，成绩有了非常显著的进步。经过调查发现，94%以上的学生学习兴趣、学习动力较高一入学时有了较大幅度的提升；87%左右的学生学习成绩有不同程度的进步。有很多高一入学时文化课总分在200～300分的学生，在高考时考上了本科，这些学生在本校高考本科上线学生总数中占到40%以上。更为重要的是，实施全员育人导师制以后，在全体教师（导师）的真诚关怀下，学生的厌学情绪得到缓解，辍学率大大降低，从最高时的28.7%降到现在的6.6%。学校的教育教学质量也年年攀升，在2016年、2017年两年的高考中，本科上线率都实现了历史性突破，上线率均超过30%，2016年突破百人大关，2017年达到173人。莘县二中也连续两年被聊城市教育局授予"教育质量提升奖"。对于学生综合素质的变化与提升，学校教育教学质量的提高，家长们看在眼里、乐在心里，他们对学校的满意度大幅度提高，达到了92%。

每年高考期间，莘县二中从来没有出现过高三学生撕书、闹事、破坏学校设施等不良现象。高考结束一周后，高三学生要参加学校组织的毕业典礼。一般来说，高考的结束对学生意味着一次人生的解放，学生会处于狂欢状态，学校很难再把学生组织起来参加什么活动。但是，莘县二中的高三学生没有这样，而是非常准时、非常整齐地到达了毕业典礼会场，有秩序地参加了毕业典礼。许多家长也来参加孩子的毕业典礼，他们大都泣不成声，和自己的孩子一样，与同样眼圈红肿的导师们难舍难分。更让人没有想到的是，毕业典礼结束后，学生们自觉组织起来打扫教室、教学楼楼道与楼梯、宿舍和校园其他公共区域的卫生，还把教室的桌凳按照中考考场要求摆放整齐，给母校留下了一道亮丽的风景。

全员育人导师制的实施不仅改变了学生，也改变了教师，改变了师生关系。原来的紧张甚至冷漠的师生关系，转变为民主、平等、和谐的师生关系。原来教师只能叫出自己任教班级的几个学生的名字，认识的就是那些学习成绩最好的和最差的。而在教师做了导师后，通过每天与学生一起活动、与学生谈心、课堂上师生的互动等，教师对学生的了解更多了，认识的学生更多了。"教育就是爱"不是一句空话，而是一种时刻落实于实际行动的信仰与追求。通过做导师，落实课程化多元育人体系各项要求，教师真正意识到学生才是课堂的主人。教师坚持"生本教育"，还课堂于学生，切实提高了学生的自主创新能力；自觉、主动落实"民主与科学"的管理理念，建立了完善的民主班级制度，形成了平等和谐的人际关系；自觉贯彻落实"行为养成习惯，习惯形成性格，性格决定命运"的教育思想，让教育不仅教给学生知识，更培养益及学生终生的习惯；使师生生活在一种相互理解、尊重、信任的和谐气氛之中，同时也让自己在教育教学过程中实现人生价值，克服了职业倦怠，真正获得了幸福感与成就感。

根据高考改革的要求，高中要实行选课走班制，选课走班给班级管理带来了诸多挑战。实施全员育人导师制，充分发挥导师和导师组的作用，导师通过与学生谈心，多进行有针对性的指导，做学生政治信仰的表率、理想信念的导师、学习生活的伙伴、养成教育的榜样，可以有效应对选课走班带来的挑战。

莘县二中的全员育人导师制在省内外引起了较大反响。2014年以来，《人民教育》《中国教育报》《聊城日报》《教育家》等各级报刊对此进行了报道；中央电视台、新华网、中国教育电视台、山东教育电视台等媒体也对莘县二中的育人模式进行了报道。莘县多所中小学、潍坊市昌邑文华学校、邹平县魏桥实验学校、淄博市周村实验中学、菏泽成武一中等省内外多所学校的领导、老师先后到莘县二中参观学习。中国教育科学研究院、山东省教育科学研究所、聊城市教育局、聊城市教科所、莘县教育局等各级领导多次到莘县二中调研。2014年7月，《普通高中"全员育人导师制"育人模式》荣获山东省省级教学成果奖三等奖。2015年3月，由莘县二中周西政校长主编的《为每个学生提供适合的教育——莘县二中全员育人导师制的实施与探究》一书由吉林大学出版社出版发行，并于2016年8月在聊城市第二十二次社会科学优秀成果奖评选中荣获一等奖。周西政校长于2015年、2016年连续两年在山东省素质教育论坛上代表聊城市做典型报告。

为便于读者系统了解莘县二中所实施的全员育人导师制，下面提供两个教育案例。

五、全员育人导师制案例

（一）案例一：100里途中的师生情

2013年9月13日，莘县二中的1500多名师生迎来了他们建校以来的第一次"100里远足"活动，活动的名字叫"挑战100里，彰显二中精神"。在1500余名成员的庞大队伍中，有1460名学生，剩余的80余人，是学生的"导师"。

还在9月12日晚上，在各个班级，同学们和他们的导师共同召开了一个动员会。导师们向自己的学生阐述了远足的意义与具体的"游戏规则"：①绝不能有一个同学掉队；②只允许带三瓶水与一袋咸菜，谁再多带任何食物与饮品便是犯规；③到达目的地马西林场后，不管男生还是女生，都只允许领两个馒头，谁多领便是耍赖……

动员会结束后，孩子们将自己的导师团团围住，纷纷发问：

"老师，什么时候'远足'啊？"

"真的是100里吗？"

2017年莘县第二中学新生开学典礼暨模范师生表彰大会

"真的是只让带三瓶水、一袋咸菜吗？那怎么够吃呀？渴了怎么办？饿了呢？"

"老师，您真的要陪我们走完全程吗？"

"老师，就你这个小身板，100里，你能撑得下来吗？"

还有的"献殷勤"：

"没事，老师，你走不动了，我背着你。"

"老师，我饭量小，你饿了，我的馒头让给你一块！"

……

也许是在那个有点逼仄的校园里憋屈得有点久了，孩子们的心向往外面更广阔的世界。是啊，作为孩子们的导师，他们应该有责任给自己的学生提供一个更大的展示自己的舞台，这次远足也许就是这个舞台的一角。

活动是在早晨6：30开始的，在学校的那个简陋的操场上，24个班级的学生排着整齐的队伍，聆听校长——他们的"大导师"——给他们所做的"送行演说"："……希望全体同学能在100里的远足活动中，带着信心和希望出发，让自己的灵魂接受一场磨难的洗礼……同学们，途中你们并不孤单，你不是一个人在战斗，大家的导师将会时刻陪伴在你左右！……"

本来，"大导师"要与大家一起同甘共苦的，但他"临时有个很重要的会要开，很遗憾不能陪大家了……"但他表示，会在傍晚时"迎接大家凯旋"。于是，副校长成了大家的"领队"，走在了队伍的最前面。

队伍于7：00准时出发了，每个导师和学生都背着一个小背包，里面装着他们的"给养"——三瓶500毫升纯净水，一袋100克的氯化钠含量极高的"老咸菜"。这是临出发前，学校分发给每个人的。导师和学生相互检查了对方的背包，绝不"犯规"。每名导师都一一检查了学生的装备，包括他们所穿的鞋子和鞋子里的鞋垫。

活动的路途是早已设计好的：终点在县城西北的马西林场，去时走北线，53里，途经3个乡镇；返回时走南线，47里，路经2个乡镇。活动组委会计划，早上7：00出发，下午5：00返回。

踏上征程，一开始的一二十里，导师与学生们的心情都无比舒畅，步子迈得相当轻松。队伍里也充满了欢快，时不时爆发出一阵充满青春活力的笑声。大家七嘴八舌，时不时与自己的导师闲扯：

"老师，并不像您说的那么累呀，我看5小时我们就能走完，哪用10小时呀！"

"老师，这个镇子叫什么来着？咱班里有这个镇的吗？"

"老师，张××踩着我的脚了，哈哈哈……"

"老师，你走路的样子好帅哦！嘻嘻嘻……"

渐渐地，大家的步子慢了下来，笑声也几乎消失了，已经有学生在问："老师，应该快到了吧！"

导师回答："快了，快到马颊河了，河那边就是。"

三个半小时后，队伍到了马颊河，一条不大的河流，里面几乎没有水，两岸草木葱茏。刚过了河，学生即问："老师，你不是说过了马颊河就到了吗？怎么还走啊？"

导师说："还得再走一会儿，我给大家讲讲马颊河的名字的由来吧！"

又走了一段，学生有点懊恼："老师你骗人，怎么又走了那么远，还没到!"

导师说:"嘻嘻,快了,快了……"

有的学生出来解围:"呵呵,你不懂,咱老师这叫'望梅止渴'!"

渐渐地,已有学生从背包里拿出水,刚想喝时,被导师厉声制止:"怎么说的?不到终点,谁也不能喝第一口水!"

学生吐了吐舌头,小声嘟囔:"出了那么多汗,人家渴嘛!怕什么,3瓶呢!"但他最终还是把水收了起来。

最终,12:40左右,大家还是来到了终点——马西林场。看到那漫无边际的一片郁郁葱葱时,学生和导师们都欢呼雀跃了……

到达终点后,学生以导师组为单位,团团坐在那一棵棵横竖成行的"钻天杨"下的林地里,已经有不少学生精神有点发蔫了,斜靠着树,不声不语。当然,有的学生闲不住,正拿着导师所带的相机,给摆出各种pose(姿势)的伙伴取景拍照。

导师引导大家:"提提精神,大家一起唱首歌吧!"

于是,歌声四起,在林子里回响,惊起了树冠上满是好奇的鸟儿,好多只张翅飞去。

歌声渐歇,有人感叹:"老师,别唱了,都饿得前胸贴后背了,哪还有力气呀!"

正说着,餐车驶进了林子,打开车厢,里面是冒着热气的散发着诱人气味的白面馒头。

于是,学生在导师的率领下,取来了本小组的主食,一大袋子馒头,看似不少,但实际上每人两个,一个不多,一个不少。

随着导师的一声令下:"开吃!"场面顿时变得热闹起来:多数男生立刻掰开馒头,塞进去点咸菜丝,随即填进嘴里——两个馒头,三下五除二,瞬间就被消灭了。倒是女生,细嚼慢咽,就着咸菜丝和水,一下一下吞咽得香。

最先吃完的那部分学生没事干,眼望着还在咀嚼吞咽的同学,觉得无聊,从袋子里挤出一团咸菜,猛嚼几下,灌一口水,"咕咚"一声,送进肚去。

这时,餐车那里传出小喇叭声:"每个小组再分发十个馒头,导师可过来领走,分给饭量大点的同学!"

正就着水吃咸菜丝的学生顿时有了精神,眼睛放着光,看着自己的导师。但导师似乎没听见、没看见一样,没一个前去领取那份赤裸裸的"诱惑"。

不少学生看了看导师,目送餐车拉着剩余的一堆馒头走了。

下午1:40,活动组委会指挥部发来命令:集合,准备返程。

听见指令,学生却给导师提意见:"老师,再歇会吧,天正热,等会儿再走也不迟!"

但最终,大家还是在规定时间内集合完毕,之前,所有人将所有咸菜袋、纯净水瓶等垃圾悉数收集,放进了原先准备好的每组一个的垃圾袋内,汇集起来,有一辆车运出林区——事先,他们曾有约定,"除了脚印,什么也不留下"。

踏上归途,队伍显得有点懒散,每个班级前的旗子也显得有点东倒西歪。尽管如此,队伍还是浩浩荡荡地向前行进着。

午后,秋日的太阳仍还很毒,阳光不留情面地照射着这支队伍,很多人的后背上都出现了湿湿的一块。于是,大家不约而同地拿出水来,狠灌一通,然后继续赶路。这时队伍里传来导师的声音:"大家省着点喝,早着呢,路还远着呢!"尽管如此,没用多长时间,不少人的背包里,仅剩下一两个空水瓶。

这样,好不容易熬到下午4点,但归途未半,5点按时返校,是根本不可能的了!慢慢地,队伍越走越慢,随之而来的是喊渴声四起。

路边一个头脑灵活的善做生意的商家,从这支队伍里发现了商机,用一辆三轮摩托装了整整一车斗的瓶装水和可乐、雪碧等饮品,从队尾到队首、从队首到队尾地轮番转,车载小喇叭高声喊个不停!车子每从本班队伍之前路过一次,便会接受一次集体"注目礼",随后学生便会将目光收回,投射到导师身上。

一名"机灵鬼"灵机一动:"老师,你的水也快没了吧?我给你买一瓶吧?你看你渴成了啥样子!"

导师瞪他一眼,从背包里拿出一瓶水朝他晃一晃,放进去。"机灵鬼"脖子一缩，吐了吐舌头，嘀咕一声："牛！"

三轮摩托不信邪，锲而不舍地跟着队伍，但最终在队伍将完成征程时，关掉喇叭，悻悻而去，去时已无人目送！

归程刚刚过半，最先疲态尽现的倒不是学生，而是一些导师。高二(1)班的魏姓导师是队伍里年龄最大的，他年近五十，双鬓已灰染一般，再加上体态稍胖，还在刚刚返程时，一颗颗汗珠便从他的脸庞上开始向下滑落了，步履也变得很是沉重。从那时起，他的学生便没能看到他展颜一笑时一颗金牙散发出的温柔之光了。他的眼睛瞪得很大，紧盯着路的前方，双唇紧紧绷着，鼻孔里发出粗粗的喘气声……但他没有停下来，步子一下一下地往前挪，一会儿，便落在了自己的学生后面。几个学生看见，过来搀他，被他狠狠地推开，喝道："归队。"几个学生眼看着他紧急蹬几步，赶上自己的导师组，随后又落下，又赶上……随队的救护车停在了他的身边，也被他挥挥手赶走了。

队伍还在前行，天，眼看就要黑了。

下午6：00，夕阳西下，洒下万道金光，给这支队伍披上了一件金色衣服。距离学校不到10里了，天已渐凉，但大家渴意丝毫未减，不少人嘴唇出现轻微干裂现象。这时，导师将自己的水瓶子递了过来，却被学生狠狠地推开了。旁边一个伙伴伸过手来，手上的瓶子里还有小半瓶明亮的耀眼的东西。学生不客气了，接过来，轻抿一口，又递过去，不说谢谢，投过去一个温暖的眼神！

几名年轻的女导师，脸色变得有点发白，原先整齐的头发也出现了一些凌乱。她们不再笑语盈盈，好几个已不用脚掌着地，而是脚尖轻点地面，甩着手向前走，走路姿势有点像以前的小脚老太太。一开始，还有学生嘲笑她们，渐渐地，很多学生走路的姿势也和自己的导师差不多了。

"领队"副校长闹了一个笑话：一路下来，买了两双鞋。才走了不到15里路，他就走进了旁边的小超市，和店家争执了好一会儿，嫌人家要得贵，最后还是买了一双，将原来的那双运动鞋放进了背包里，和水与咸菜放在了一起。"唉，我那双鞋穿了好几年了，换双新的！"他给前面打校旗的高个儿解释。回来时，他又在路边的一个商店里购了一双，鞋底明显加厚的那种，脚很费劲地塞进去就立即赶上队伍。这次，没有砍价，也没有给身边的人解释为什么又换鞋。

最后这段路程，陆续有学生被两边的同学搀着往前走，满脸的痛苦，眼睛闭着，脚不触地的像在驾云。紧跟着，不少参加搀扶其他人的学生，却也被另外的人给搀了起来……

天接近全黑的时候，队伍已开进县城边上，却发生了想不到的一幕：一辆自队尾赶来的轿车上下来一个满身酒气的人，拦住了队伍最前列，嗓门很大："这算啥？！把孩子给弄成这样，后面的都快死了，你们还走！你们等着，明天我就到教育局告你们！这是啥学校！"说着就朝领队的副校长扑去。路两边围观的一些人冷眼看着这一幕，嘴里附和："就是，太狠了！谁家没有孩子？老师，您没孩子呀！"

领队副校长面对扑上来的醉酒男子，很费力地扭身躲开，嘴角轻扯，挤出一个很痛苦的笑容，想说话却没有说出来。醉酒男子被跑过来的几个体力较好的学生扯住，学生哭着给他解释："谢谢你叔叔，我们的老师也不容易，我们是自愿参加活动的，我们都没事儿……"男子被劝走了，嘴里骂骂咧咧的。

接下来的五里，再也没有发生什么事情，队伍似乎前行得快了起来，这个队伍近乎鸦雀无声地快速向前走。导师和学生穿过华灯初上的主干街道，他们对街道两旁围观的群众的各种议论充耳不闻。街道两旁的小吃店里传出的诱人的香味，大家也嗅而不见……大家就那样往前冲，一个个昂着头。

晚上7：40时，队首赶到学校。到达校门口时，校长真的站在那里迎接大家，只是这支队伍不像是在"凯旋"，本来有几个人欢呼，但随即也静了下来。校长没说什么话，只是和每名导师重重地握了一下手，在每个学生的肩膀上轻轻拍了一下，一直持续了半小时。

很多导师在临进校门的那一刻，拿出背包里的水来，仰头倒进了嘴里。

学生先后赶到学校餐厅，将餐厅里所有做出来的饭菜吃得干干净净的。

原计划照常进行的晚自修没再上，从餐厅回来后，学生直接赶到了宿舍。原来一直很喧闹的宿舍楼，很是寂静。只是在学校规定的洗脚时间，几乎从每个房间里都传出了痛苦的哀号——按照学校安排，如若脚上磨出泡来，用无菌针挑了……据说，最多的一个学生的一个脚底板上，挑了11个。原来校医务室准备的药水没够用，又抓紧购进了一批。

第二天的早操，照常出操，无一人旷操、迟到，只是队伍不像以往那样整齐。

事后统计，整个远足活动，除最后阶段，4个学生出现了休克现象，被救护车紧急拉到了学校，稍加医治后均获康复外，再无一名导师、一个学生脱队；一路上，农家长在田地的瓜果，包括晾晒在路边的花生，没有任何损失；学生除在学校位于几个固定点搭设的临时厕所里便溺之外，再无便溺，原先担心的一路屎尿现象，没有出现；所有导师与学生，没多喝一瓶水，没多吃一个馒头！

自那之后，直到现在，与远足活动有关的内容，时常出现在学生的《成长记录》里，频率惊人。

我们认为，出现在《成长记录》里的文字折射出的东西，也许就是本次远足活动彰显出的精神之体现。

(二)案例二：在莘县二中的"最后一课"

我们不清楚高中学校为本校毕业生举行"毕业典礼"，选择的时间有没有在高考之后的？

如果有，应该不是很多！

再进一步，如果有在高考之后举行的，有没有在学生刚刚走出高考考场就立即举行的？

如果有，应该更少！

君不见，高考结束后的当天甚至前一天、前几天的晚上，便从高三毕业生所在的教室、宿舍的窗户、走廊上，降下漫天"飞雪"！他们说，那是高三毕业生的一种宣泄，一种解脱。

君不见，高考结束的当天晚上，走出高考考场的高三毕业生们，在豪华饭店、卡拉OK厅搞派对，彻夜狂欢！他们说，那是青春被压

学生与家长幸福相拥

抑后的张扬，折射出的是一种叛逆。

....

如果用"凡是存在的，都是合理的"来解释一切，似乎所有现象都可以得出一个看似恰如其分的解释！

2013年6月9日，对于很多高中学校的应届高三毕业生来说，都是一个特殊的日子。对于莘县二中来说，尤其如此。因为这一天，他们迁校后的首届高三毕业生完成了高考，走出了考场。并且，这些学生在上午11：00"基本能力"科考试结束后，立刻赶往学校，参加学校为他们举行的"毕业典礼"。

莘县是个人口大县，全县有5所高中，校区全都在县城之内。这个县高中数最多时，曾一度达到11所，地处县城的有5所，位于乡镇的有6所。后来，地处县城的有2所"灭亡"，地处乡镇的有5所"消失"，莘县二中"硕果仅存"，却也不得不在2010年8月搬迁至县城办学，租赁的恰是一所已停止办学的高中的校舍。莘县的5所高中，有4所学校均可有部分学生在本校参加高考，莘县二中例外，因为校园狭小、设施简陋，无资格设为高考考点。也就是说，参加本次莘县二中高三"毕业典礼"的所有学生，均需从各考点乘坐学校临时租赁的公交车返回到本校。在坐车返回莘县二中的路上，据高考带队老师反映，确实有不少学生抱怨"刚考试完开什么'毕业典礼'，烦人……"，但他们还是回到了那所属于自己的学校。上午11：50，所有学生如期返校，随即赶到了学校餐厅二楼——本次"毕业典礼"的举办地。

在学生步入餐厅二楼的那一瞬，他们的眼前一亮。展现在他们眼里的是一种他们以前在学校从未体验过的温馨，甚至是"奢华"。

一道大红色的拱形充气"门"立在餐厅距门口不远的地方，这种"门"他们大都在一些结婚典礼上见过，只不过上面的"热烈祝贺×××与×××新婚之喜"的文字换成了"毕业门"三个大字。

门下有一条红地毯一直延伸到主席台，主席台上摆了一排鲜花，上方还缀满了各色丝带，绚丽的灯光打上去，甚是惹眼。

最让大家感到温馨的是，陪伴了他们三年的任课老师，包括导师，都已经在各班级所在的位置上落座，正以一种温暖的眼光瞧着他们。

出乎意料，进入会场，学生们并没有欢呼雀跃，或给自己的老师或导师一个大大的拥抱。大家在一起三年，都熟了！大家静悄悄地按要求找到自己的位置，坐下，眼睛亮亮的，这看看那瞧瞧，或和自己的导师对视一下，笑一笑，算是打个招呼。

全部坐定后，会场鸦雀无声，大家在静候典礼开始。

中午12：00，典礼正式开始。

出乎意料的是，大会的"第一项"并不是"领导讲话"，而是播放了一段视频，名字叫"我们一起走过的日子"。画面播放的是三年时间里学生与自己的老师，包括导师在一起的点点滴滴：军训，趣味运动会，阳光大课间，节日晚会，高考誓师大会，早操，"一五三"课堂，自习，用餐，午休，晚就寝，读"青春励语"，写《成长记录》，与导师交流……画面在轻柔的音乐声中一帧帧地滑过，学生们看着，似乎有一条轻柔的丝绸在内心轻轻拂过，转瞬间一股酸意涌起，眼泪不知不觉地滑下了脸庞，随即唏嘘声此起彼伏。不少学生泣不成声，看一看自己的导师，他（她）的眼里似乎也含着泪花。

接着，大家的"大导师"——校长走上了主席台，平时的他很是严厉，说话铿锵有力，掷地有声，今天他的眼圈也似乎有些发红，用相对轻柔的语调，再次帮助大家回顾了在莘县二中的生活。其中有很多细节，他不说，大家都快忘记了……校长今天怎么也学会了"勾人"，大家的眼泪又流了下来。很长时间过去了，大家还记得他最后的话："大家和我，和大家的老师、导师，我们都是一家人，我们有一个共同的名字，叫'二中人'。二中就是我们的家，现在你就要离开家到外面的世界去闯荡了，但请你别忘了，有空了一定要回家看看，常回家看看！"话音落后，大家不约而同地"嗯"了一声，随后响起了掌声，经久不息。

大屏幕上再次出现画面，这次画面的主角是学生的各位导师，每名导师都送给了大家几句话，除了祝福的话外，更多的是指出不足，提出要求。好几位导师，把自己导师组的每一个成员的"毛病"——指了出来："小娴，今后你一定要心细一些；孙军，你今后务必做到凡事坚持，你做事太容易半途而废、知难而退了；翠翠，你最容易轻信别人，这是你善良的表现，但我担心你以后会吃亏……"听到"导师"对自己的嘱托，好几个学生"哇"的一声哭了！

随后，一名年纪稍长一些的导师代表走上台去，一上台他先对大家鞠了一躬，然后高声对大家说："同学们，说句实在话，就在前几天，我还在盼着大家快点毕业，离开学校，这样，我就可以歇歇了，我在二中干了20年了，真的很累。但现在，一想到大家要离开，我的心里就很难受，同学们，我心里是舍不得大家离开呀！"台下又是一片唏嘘。"同学们，在这里我要向大家道歉，因为我在二中工作了20年，二中仍然还是'二中'，仍然还很不好，各方面还有很大的不足，我觉得二中的不好，是我的责任！"这时，台下响起一片声音："不是，是我的责任！"声音不是很齐，却又几乎异口同声。"同学们，好在二中有了你们。正是有了你们，我们的学校才越来越好。如果你们认为莘县二中现在还很不好，那么，请让我们共同努力，让她变得明天比今天好，后天比明天好，我们的学校就一定会好起来！你们虽然离开了莘县二中,但今后不管在哪里干出了不凡的成绩,你们也就在为母校的强大添砖加瓦了!"台下响起掌声,很多学生嘴角紧绷,上唇上扬,脸上现出坚定的神色。

最后是导师送学生走过"毕业门",四十几位导师分列在红地毯两旁,与全体毕业生一一握手告别。这时,许多学生伸出双臂,紧紧地抱住自己的导师,情绪不受控制地号啕大哭起来。原设定10分钟的"走红毯"时间,历时40分钟方才结束。

此时,许多前来接孩子回家的家长来到了会场,他们也大都泣不成声,和自己的孩子一样,与同样眼圈红肿的导师们难舍难分。很多家长不会忘记,自己的孩子因为中考成绩不甚突出而与"重点中学"无缘,而他们也做出了让孩子辍学打工的决定,是二中的这些导师们跑到他们家里,苦口婆心地劝他们让孩子继续接受教育,当时他们还曾对二中有过怀疑。现在,他们可对自己当初的选择做出一个正确的断语了。

莘县二中迁校后,上级给的招生计划是600人,高一入学的最终数目是397人,接下来的一学期,流失学生近60人……

"毕业典礼"结束后,很多导师说,送走了那么多级学生,也参加了很多的"毕业典礼",没想到这一届却开成了这个样子。而学生们在走出会场后的表现,更让所有导师们大大吃惊了一次。

走出"毕业典礼"会场大门时,已接近下午1:40,这时,所有师生还都没有吃午饭。由于学生餐厅已停止工作,会议组织者要求高三毕业生们在校外吃过午饭后尽快返校,以将自己在教室和宿舍里的东西带走,最好在下午3点前全部离校。因为隔一天的6月11日便是九年级学业水平测试(即"中考")时间,各初中的应试学生将会在6月10日前来入住。所以下午3点后,老师们需要将学校的寝室、教室和校园其他区域彻底清扫,整理考场,以迎接各初中应试学生。

莘县二中的老师在匆忙回家吃过午餐后于下午3点赶到学校,之前每个人都做好了打一场卫生大战的准备,因为别说毕业离校了,就是平时学生回家过周末,也往往会将寝室、教室弄得一片狼藉。

但当老师们返回学校时,他们被眼前的一幕彻底惊呆了:所有毕业生均已离开了学校，整个校园异常清洁，连平时的卫生死角也已被打扫得干干净净。宿舍楼里的各个寝室、卫生间、楼梯、楼道全都被扫净拖干，无一杂物。各教室内更是窗明几净，门窗玻璃、地面、天花板被明显擦拭过，连课桌也被摆成了桌洞朝前的横五纵六的标准考试样式……

原来，毕业生和他们的家长在迅速整理完自己的物品后，不约而同地投入到校园卫生大扫除中。家长们没有催促自己的孩子去吃饭，而是叮嘱他们："抓紧时间再给学校打扫一次卫生吧，你以后再也没有打扫的机会了，也好让你的老师稍微歇歇！"最终家长和孩子们一起，将下午3点后老师们需要完成的任务，出色地"包办"完成了……

莘县二中迁校后的首届高三毕业生，在饿着肚子的情形下，留给他们的老师和导师一个干净的甚至是全新的莘县二中。这已在莘县二中被传为佳话！

"毕业典礼"后的高考成绩揭晓，那些学生用自己的出色表现给了学校和他们的导师另外一个惊喜！

学生们则说，他们在莘县二中的最后一课是"毕业典礼"！

"一五三"教学模式下的翻转课堂

课堂改革（以下简称"课改"）已经推广了很多年，真正做得好的学校并不多，究其原因是没有坚定的信念，没有强大的理论支持，遇到困难、挫折便丧失信心，半途而废了。

早在两千多年前，孔子说过："以吾一日长乎尔，毋吾以也。"这句话出自《论语·先进篇第十一》，大意是说"因为我比你们年长一些，你们不要因为我年长而不敢说话"。

这讲的就是平等的师生关系，就是自主、合作、探究的学习模式。这是我国传统文化的精髓，也是现代课改的精神所在，可见课改是有着深厚的文化基础的。

课改是"以人为本"的践行，是中国古代教学的传承与创新。下面介绍莘县二中的课改以及给师生带来的改变。

课堂不仅仅是传递知识的地方，也是教学相长的地方。可是走进传统课堂，我们看到的常常是老师在上面滔滔不绝地讲，学生在下面昏昏欲睡地听，学生的思维永远有一个牢不可破的框框。我们看到的课堂是模式墨守成规，方法一成不变；我们看到的老师是有无上的权威，严厉的说教，以及学生无条件地接受和服从。于是，学生失去了学习的乐趣。

课堂是指向过去，还是面向未来的？是以积累知识为本，还是以人的发展为本？是以单通道方式向学生进行灌输，还是引导学生学会学习、合作、探究？答案当然是后者。

学生更欢迎闻道有先、授业有道、解惑有法的老师；更喜欢自由、平等、民主的课堂。

所以，莘县二中的课堂，变"教师的课堂"为"学生的课堂"。俗话说，"读万卷书不如行万里路""书中乾坤大，笔下天地宽"。莘县二中变"书本的课堂"为"生活的课堂"。让家事、国事、天下事，伴随着风声、雨声、读书声走进课堂；让孩子们的目光穿越过去，做在当下，走向未来。

莘县二中大胆进行了课堂改革，采用了更加适合现代人特点的课堂组织形式，使学生最大限度地发挥自己的优势和能动性，从而使学习更加有效，促进学生综合素质的提高。基于此，学校倾力打造了"一五三"教学模式下的翻转课堂，取得了显著成效。

"一五三"教学模式的基本内涵是：以尊重学生学习主体地位为前提，以现代教育信息技术为手段，以分组教学为基本形式，组织学生进行自主、合作、探究式学习，培养学生的自主学习、合作学习与实践创新能力，全面提升学生素质。其中，"一"是指一个指导思想：让课堂灵动起来；"五"是指五种教学策略：学案导学、微课助学、合作互学、训练测学、评价促学；"三"是指三个教学阶段：自主预习、探究研习、巩固练习。

一、一个指导思想

让学生动起来，是课堂的本质。"让课堂灵动起来"这一指导思想下的"一五三"教学模式，要求教师让学生在课堂上充分行动起来。翻转课堂理念下的微视频的运用，让学生自主学习、主动探究，培养自主学习能力、自我教育管理能力；课堂上让学生参与知识的生成，积极讨论交流，动脑思、动耳听；让学生记笔记、做学案、板书展示，动手做、动脚走；让学生展示点评、讲解分析，动口说、动眼观……如此让学生积极参与到课堂教学的各个环节中来。

在"一五三"课堂教学中，教师成为学生学习的组织者、引导者和促进者，是学生学习的顾问、助手和参谋。教师通过教学设计、导学案编制、微视频制作，结合课堂反馈，精心组织教学，为学生学习提供有效的指导、引领和帮助。这样一来，学生的主体地位就在课堂上凸显出来，课堂更加灵动高效。

二、五种教学策略

为配合课堂教学改革的实施，学校制定了五种教学策略，既使"一五三"教学模式得以顺畅、有效地开展，也使课堂更加充实与精彩。

(一)学案导学，学生学习的重要抓手

充分调动学生参与课堂学习的积极性、主动性和自觉性，使学生学会学习，是"一五三"教学模式的最高目标。为实现这一目标，教师每节课都要编制、利用"导学案"。"导学案"是学生进行自主学习、探究研习、巩固练习的载体，是指导学生学习的路线图。"导学案"除了"学习指导""学习目标""重点难点""知识链接""收获与问题"等这些小环节之外，还包括"预习案""探究案"和"训练案"三大部分。学校制定了严格的导学案制作流程，既提高了学生的学习效果，又增强了教师的教学能力和研究能力。

(二)微课助学，学生学习的好帮手

"微课"，是教师针对学生学习的重点与难点、疑点与易错点精心设计制作而成的，以微视频的方式呈现给学生，学生可以通过平板电脑多次反复观看学习，以突破重点与难点，消除疑点，明确易错点。学校多次组织教师学习翻转课堂理论、微课制作理论和技术，进一步加深了教师对翻转课堂的理解，提高了其微课制作的能力和水平。

(三)合作互学，让学生学会学习

合作互学主要是指在课堂上，在教师的组织、指导下，在学生自

主学习的基础上，学生通过两人对学（分层辅导）、小组互学、班内群学（展示、点评、质疑）等多种合作交流方式，激发思维火花，有效锻炼学生的思维能力、解决问题能力、合作学习能力，提高了学习效果。

（四）训练测学与评价促学，学生学习的助推器

训练、检测旨在促进知识巩固、提高学生能力。学校要求教师在设计训练题、检测题时体现层次性，形式要灵活多样，既强化学生对知识的理解和运用，又注重对学生学科思维的培养，促进学生更有效地学习。"一五三"教学模式注重将终结性评价与过程性评价相结合、量化评价与质性评价相结合、个人评价与团队评价相结合，尊重学生个性差异，形成了激发学生学习积极性、保证课堂高效灵动的长效机制。

三、三个教学阶段

"一五三"教学模式的教学流程包含三个环节：自主预习、探究研习和巩固练习。自主预习是在自习课上进行的，教师首先解读预习目标，明确预习任务，学生在预习案的指引下，通过阅读教材、观看微视频、在线测试、自主探究完成预习任务。探究研习是"一五三"教学模式的中心环节，在课堂上完成。这一环节包含反馈点拨、小组展示、合作交流、点评提升、归纳反思等活动，学生对学习重点、难点、核心问题展开探究，答疑解惑。巩固练习安排在自习课的前10分钟左右。教师把巩固练习设置在导学案上，或上传到学习平台，学生通过完成巩固练习达到巩固基础、锻炼思维、提高能力的目的。

在"一五三"翻转课堂下，教师的角色发生了转变，他们不再是高高在上的"传道者"，而是组织者、引领者、合作者与促进者。"现在我们的课堂，老师退到了幕后，把舞台交给了学生，由原来的'主演'变成了'导演'。在课上，让学生去展示、讨论、自主学习，看到他们的收获越来越多，老师由衷地高兴。"教师如是说。

学生说："原来的学习很被动，老师讲什么，我们学什么，老师不教，我们就不会主动学。但如今老师在课堂上经常启发我们，我们的思维便会发散。同学们的想法不一，就会积极讨论，然后碰撞出思维的火花。有时候老师也不知道正确答案，师生就会共同学习。在这种新的模式下，我们对自己的成长更有信心了，我们坚信自己一定能考上一所理想的大学。"

"一五三"教学模式下的翻转课堂建设，充分发挥了教师的主导作用和学生的主体作用，落实了因材施教理念，课堂更加活跃、灵动、高效，促进了学生知识、能力、情感的同步发展。"让课堂焕发出生命活力"，这是叶澜教授对广大教育工作者的期许，也是莘县二中人努力的目标。我们将继续在课堂教学改革的希望田野中辛勤耕耘，为每个学生提供适合的教育，让每一朵花都美丽绽放，让每一个梦都精彩飞扬！

下面摘录莘县二中部分教师对课堂改革的一些感受。

探寻生命的足迹

程俊平

2013年3月8日，由马来西亚飞往北京的一架MH370客机失联，机上239名乘客(含154名中国乘客)的生命牵动了世界各地人民的心，从中国的南海、越南海域，到马六甲海峡，从太平洋、印度洋到澳大利亚，20多个国家出动了飞机和军舰，去寻找这些失去踪迹的生命。世界各国人民也时刻关注着这件事，尤其是失去亲人的家属，更是时时关心这件事的进展。在茫茫大海面前，高山丛林之间，人的生命和鸿蒙宇宙相比，显得那么脆弱和渺小。所以当我们看到朝阳升起，春暖花开，天空湛蓝，当我们还能享受这美丽的大自然时，我们应该会感到生命的美好、生活的美丽。

周国平说："每个人降生到这个世界上，都有一个最合宜的位置，这个位置对他是否最合宜，应该去问问自己的生命和灵魂，看它们是否感到快乐。"很多人平时忙忙碌碌，汲汲而生，从呼喊、挣扎，到麻木、惯性，似乎从来没有人问一下自己："我现在的位置合适吗？我的生命和灵魂是否感到快乐？"

一名教育工作者最主要的工作就是唤醒学生的灵魂，教师实际上是学生精神成长的照料者、引导者。教师的教育生活既包括以精神换物质，更包括以精神换精神。德国著名的哲学家雅斯贝尔斯认为："教育意味着一棵树撼动另一棵树，一朵云推动另一朵云，一颗心灵唤醒另一颗心灵。"要唤醒学生的心灵，教师的心灵要醒；教育不是把规则强势灌输给学生，而是小心翼翼地唤醒他们美好的人性，并促使其健康自然地生长、开花、结果。美国的一位教师小戴维·麦卡洛在毕业致辞中说："接受教育是应当获取学习的快乐，而不是物质的所得。"为了得到学习的快乐和唤醒学生的心灵，莘县二中致力于课堂改革和德育改革，实行了新的课堂教学模式"一五三"课堂和三大步励志教育。

学校的"一五三"的"一"，即一个指导思想——让课堂灵动起来；"五"，即五种教学策略：学案导学、微课助学、合作互学、训练测学、评价促学；"三"即三个教学阶段：自主预习、探究研习、巩固练习。课堂灵动的标准只有一个，那就是想办法先让所有学生能在课堂上手动、眼动、心动。宗旨就是让学生"不睡觉"。但就是这个看似最为低级的标准，迫使所有教师无一例外地自觉按照"一五三"模式去做了，课堂上学生睡觉的问题也最终得以彻底解决。此外，学校要求在每个教室外面的墙壁上设置"文化长廊"，长廊共包括"览全员育人""创和谐课堂""展班级风采""塑完美人生"四个栏目，主要表彰在课堂上表现优异的先进个人和先进小组，对全体学生进行激励。渐渐地，"学生在课堂上不睡觉"这一标准也开始提升，提升至学生自己"学会"、自己"会学"，至此，莘县二中的课堂变得真的"灵动"起来。现在上课，学生争先恐后地展示、质疑，完全融入知识的生成过程中，一切显得水到渠成。虽然老师的付出加大了很多，但一种愉悦感却从内心油然而生，因为我们真的让学生快乐起来了。

为了走进学生的心灵，唤醒学生的精神，2011年起，学校开始全面实施全员育人导师制。学校上至校领导，下至普通教职员工，都担任学生导师，参与育人。每个教学班由班主任任主任导师，其他任课教师任导师。主任导师和导师均负责所执教班级的一个或几个学生小组，对所负责小组和小组成员从学习、生活到德育等各个育人环节进行全方位的指导与帮扶。令人印象深刻的是，全员育人导师制为师生的交流搭建起了一个平台，学校所有学生晚自修前填写《成长记录》，记述当天在成长、学习方面所取得的成绩和存在的困惑。导师则每天批阅学生的《成长记录》，对学生所取得的点滴成绩给予表彰与鼓励，对学生存在的困惑加以解答或提出建议。学校要求全体导师每周至少与两名"典型生"单独交流，由相关学生填写并上交"交流记录"，促使师生交流常态化。导师要督促学生每月给家长、初中班主任写一封纸质信，每次回家给父母洗洗衣服、洗洗脚、做顿饭等活动。几乎所有导师在学生入校后的首次家访时都会从家长那里收到"孩子像是换了个人""懂事多了"等信息反馈。导师及其所带小组还必须坚持练好一个体育项目，并定期进行比赛，如毽球比赛、花样跳绳比赛等。学校各班级导师每周召开"导师碰头会"，对该班级上周所取得的进步和出现的问题进行沟通交流，集体商议并决定第二天班会的议题和流程。由各导师轮流主持每周的主题班会，对学生进行风格各异的育人教育，使班会不再是单调乏味的空洞说教，充分发挥了班会的育人作用。

精神生活是一种摸不到、言语无法说明，但是能给人身心愉悦和满足感的体验。而一名教师探寻教育生命意义的过程就是一种精神生活的过程。没有沙漠不盼望绿洲的葱绿，没有农夫不渴盼禾苗的茁壮成长。为了那一抹绿，我们正在自己的土地上耕耘。"每个人心里一亩田，每个人心里一个梦。一颗呀一颗种子，是我心里的一亩田。用它来种什么？种桃种李种春风……"一名教师，像农夫那样去耕耘，种桃种李种春风，生命怎不会激发出一种豪迈？

从 3 月 8 日到现在，时间已经过去了近一个月，我们在盼望着，盼望着，每一个人都行动起来，每一个国家都伸出援助之手，利用高科技，利用我们精神的支撑，找到失踪的"MH370"客机，寻找到那些失去踪迹的生命，就像找到教育的真谛一样。

我们一直在盼望着，也在寻找着……

（写于 2013 年 4 月）

构建和谐课堂，做好课前培训

贾 震

莘县二中自实施"一五三"课堂教学模式以来，学生和教师的精神面貌发生了很大转变：教师不再是高高在上的"传道者"，而是组织者、引领者、合作者、促进者。教师需要做到的是，精心备课（定时进行每周两次集体备课），组织好教学，调控好课堂，并针对课堂反馈，进行精讲点拨，优化课堂教学。教师需提高教学艺术，激发学生学习的兴趣，提高学生活动的思维品质，创设开放式思维对话的课堂氛围，做到既生动活泼，又能激发学生的创新思维。

这就需要充分调动学生的主动性和积极性，因为学校"一五三"课堂教学模式的指导思想是：让课堂灵动起来。让学生参与知识生成过程，以"动脑"；让学生记笔记、写体会、到黑板上板书，以"动手"；让学生上台展示、发表自己的观点，对他人的认识进行质疑、补充，以"动口"……这样的课堂，学生的主体地位得到了充分的体现，课堂从而更加鲜活、灵动。想达到这种效果，就需要对学生进行培训，我们政治组全体老师针对课前培训，以及结合学校学生的实际情况，经过多次讨论研究，总结出关于课前培训需要从以下几个方面来进行。

1. 培训时间的选择

学校"一五三"课堂模式下，以"导学案"为抓手，课前有一节自习，学生自主探究做导学案，下课后收上来，老师进行批改，根据学生做的情况进行针对性培训。这就需要老师在第二天上课前把 A 层次的同学叫到办公室、楼道或者楼梯口，有时也会在课堂合作交流环节对每个小组分到的任务进行培训，但无论采用什么方式，时间都比较紧，尤其是我们政治教师所教的班级比较多，需要培训的学生多，很难找到一个集中的时间，如果每天有课，时间不好保证。

2. 培训地点的选择

由于学校教学班级比较多，空余教室少，过去一段时间一般是把学生叫到办公室、走廊或者楼梯口进行培训，但办公室是老师办公的地方，如果每个老师都叫一部分学生来办公室，这个不太现实，效果也不好，会影响到老师正常的办公纪律。所以，需要学校专门给出一两个空余教室作为专门培训学生的地方。

3. 培训的人员选择

(1)小组长的培训。加强与学习小组长的联系，从思想上、学习上、管理上培训好小组长，为高效课堂保驾护航。通过小组长了解学生对现在学科课堂的看法及想法，相互沟通，减少课堂的无谓消耗，要学会从学生、老师两个角度去审视现代教育，保证学习的高效进行。认真组织好小组讨论，研究讨论的科学方法，做到省时、高效，保证讨论的秩序，不做与讨论无关的事；认真组织组内同学搞好展示和点评，安排展示的人员，确定展示方案。

(2)学生培训。讨论前每个小组要交代清楚讨论的要求、讨论的内容和目标、讨论的时间和要求。学科小组长起立并安排本组任务，讨论时坚持先一对一分层讨论再集体讨论的程序。比如，A层对A层、B层对B层、C层对C层的分层讨论，A层讨论完后拓展，B层讨论完后请教A层，C层讨论完后请教B层，A层继续深化拓展，讨论结束后，准备展示。

讨论结束后，学科小组长组织组内同学互相提问，检查学习的达标情况，不达标的再继续强化学习，共性的困惑做好记录，展示时提出，集体讨论解决。展示围绕学习目标，确立展示内容，包括：学习的成果和心得、规律方法的总结、小组内共性的困惑、解题过程中要注意的问题。口头展示要指定不同层次的同学进行，不指名但要分层，要脱稿展示。板书展示时书写工整、清楚，注意版面的设计。展示的内容力求简练，要抓住重点和难点，不仅要展示解题过程，还要展示重点；既要注重规范方法的总结，也要注意问题疑难的反馈。展示时要明确展示的时间，限时展示，杜绝超时现象。

培训学生点评的重点和难点，点评的学生要厘清思路，设计好点评提纲。点评的学生要收集各小组存在的疑问，并有针对性地分类整理。

4. 培训内容的选择

培训的内容要有针对性，并不需要全部进行培训，针对导学案中普遍出错的问题进行培训，培训后学生仍然不会的不培训，学生讨论交流后明白的不培训，同时也要考虑一节课的任务是否完成。

以上是莘县二中在课前培训时的几点做法，相信随着学校"一五三"课堂模式的不断深入和完善，让学生真正灵动起来的理念一定会实现。

真正把课堂还给学生
李爱玉

莘县二中的课堂改革已经进行了四五年了，但在实际操作中仍然存在很多问题，总结起来主要有以下几个。

第一，课堂时间的分配上，教师占有的时间仍偏多。

第二，课堂空间上，教师仍有自我表演，没有和学生融合到一起。一问一答的形式仍存在，学生只是回答教师设计好的问题，很少有时间自己动脑、动心、动情、动手、动口，学生参与不到课堂教学中。

第三，抹杀学生的个性，剥夺学生独立思考、独特感悟、自由联想、自由表达的个性。不少教师认为自己就是权威，教师所讲的就是标准答案，不去考虑学生对于问题的不同做法或想法，学生回答问题必须是课本上或教师自己认为标准的答案，有时学生提出异议，教师不去解析或只进行冷处理，简单地要求学生记住答案就可。

虽然传统的课堂教学模式已经很少出现在课堂了，但每个教师还是不能大胆放手，把课堂真正还给学生。

如何真正将课堂还给学生？

改变传统的课堂教学模式就是要改变教学过程中大多数学生大量时间不是听老师讲，就是听老师与其他同学一问一答的被动"听"课的局面，要求教师在课堂上努力为每个学生的主动参与教学提供广泛的可能性。我将自己的一些做法总结出来，以期获得同人们指正。

其一，重视课前教学设计。要在充分了解学情的基础上建立合理的结构和弹性化的方案，思考师生活动的合理配置与目标，并对自己设计的方案、思路、目标、过程在课前就娴熟于心，不能简单地指望在课堂上靠自己的经验随机应变。教学设计既是一份教案，更是一份学案。

其二，改变课堂教学过程中"教师为主导，学生为主体"的传统关系，建立"教与学"的有机整体而不是将教与学分成两部分；要把教学过程看作师生为实现教学任务和目的，围绕教学内容，共同参与，通过对话、沟通和合作活动，产生交互影响，以动态生成的方式推进教学活动的过程。具体做法如下。

首先，把课堂时间和空间还给学生。"课堂上，教师要封住自己的嘴，让自己少说一点，留出时间和空间给学生。"将时间还给学生，尤其是还给学生自主学习、咀嚼思考、自练自改的时间。学生通过自主学习，提出问题；对问题进行思考讨论，对问题的解决提出方案，对方案进行评价。教师也要参与进去，适时调控讨论的方向和重点（根据课前的设计方案和目标），要敢于放手，将"表演舞台"让给学生。例如，理科中的一题多解，不要仅限于教师自己所认为的最好的方法，要广开言路，让学生自己讲解自己的做法，让其他同学评价，往往老师的讲解思维跳跃性大，学生不一定能掌握。通过一段时间的实验，无论是课堂人文气氛的营造还是学生个人能力的培养，都较之以往有很大进步。

其次，课堂上教师要注意倾听。教师上课时的注意力要时刻放在学生身上，要面带微笑，和蔼亲切地、认真地听学生讲，听学生争论，听学生评价并适时地给予点拨和点评，但占时要少。不论学生回答得对与错，都不要轻易地打断学生。老实说，通过听，我发现学生真的多才多艺，有很多奇妙的想法和很好的解题方法；通过听，我真的被他们思维的敏捷和睿智的回答所折服；通过听，学生进步提高的同时，我也在进步。

再次，课堂上要多鼓励学生，不要吝啬对学生的表扬。学生还是孩子，自然都愿意听好话，以前我在课堂上很少表扬学生，有时表扬了后面还要加上几句希望的话，大多数时间是批评学生，特别是考试完的讲评课，往往上课前将学生狠批一顿，弄得学生情绪低落，自己也一肚子火,带着情绪上课,课堂效果很差。课堂改革以来,我试着在课堂上变批评为多表扬,找一切机会发现学生身上的闪光点来表扬他们,不是乱表扬,而是发自内心地、真诚地表扬他们;不是只表扬好的学生,成绩差的学生更需要表扬和鼓励。学生偶有出格的地方或错误的做法,也应肯定其正面的、好的方面,委婉地指出其不足之处。应该说鼓励出创造力,鼓励出有特点的学生,鼓励出学习进步的学生,鼓励出学科兴趣和对老师的深厚感情。通过课堂上对学生及时、正面的评价,师生关系融洽了,课堂氛围活跃了,学生的创造热情被激发了,这对学生的学习质量和能力养成起着十分明显的促进作用。

最后,课堂上要培养学生的个性,尊重学生的人格,给学生质疑的权利。不要简单地像以往一样,忽略学生的个性,片面追求共性,要求全班学生都遵照教师的统一要求和标准,搞一言堂,教师说什么就是什么,剥夺学生的人格和质疑的权利。课堂设计中就要体现和考虑学生的差异。鼓励学生思维的发散;鼓励学生对教师的答案和说法提出异议;鼓励学生各抒己见,阐明自己的观点;鼓励学生在知识上反驳教师。只有如此,学生的思维才能变得越来越开阔、多元、敏捷。教师和学生是有机的整体,教师的"教"与学生的"学"也是有机的整体,二者始终是统一的、平等的。只有师生之间充分互相尊重,学生在亲情般和朋友般的气氛中,人格才能够健全地发展,思想才能变得大气、成熟。

其三,注重课后的反馈和反思。在每天课堂的实践中不断捕捉、判断、重组课堂教学中从学生那里涌现出来的各种各类信息,发挥集体备课的优势,集思广益,共同找出办法解决,并在后面的课堂教学中进行实践,这样做就能不断提升自己的专业水平,并感受自己作为课堂教学创造者的尊严与欢乐。

总之,现在的教学模式也还存在一些不足之处,但在提高学生学习热情和兴趣方面的确起到了巨大的作用,教学效果也较好。按照这样的思路走下去,我相信这种富有生命活力的新课堂教学,一定会提升师生在课堂教学中的生命质量。

高效语文课堂教学模式要让学生"动"起来

孟文强

课堂是实施素质教育的主阵地,莘县二中积极探索课堂教学改革,在摸索中前进,在实践中发展,逐步形成了具有自身特色的"一五三"课堂教学模式。我们始终要把学生放在第一位,充分调动学生学习的主动性,改变传统课堂一言堂的局面,让学生真正"动"起来。我们在高中语文课堂教学中的具体做法有以下几点。

1. 在课堂教学中,充分发挥学生合作交流的作用,让学生动起来

(1)重视交流主题。语文教材为我们提供了丰富的主题,语文教材随处皆有交流主题。所以教师要充分发掘这些主题,进行引导、点拨,让学生真正进行交流,例如,学习司马迁的《报任安书》时,可以让学生探究讨论生与死的价值。当然,交流的主题内容思想一定要健康、积极向上,还要符合学生的兴趣,并且真正有助于学生能力的提高、知识的丰富才行。

(2)充分挖掘主题内涵,高度拓展学生的视野。主题确立好后,应围绕主题收集有关的信息,而信息源可以来自生活、网络、书本、课堂,信息提供者可以是教师、家长及学生。师生、生生之间共同讨论问题、深入问题、分析问题,从而开拓学生的思路,发展学生的能力,并使教师在其中受益成长,达到教学相长的目的。

(3)把握好合作交流内容的难易程度和时间的分配。教师在备课时,应充分考虑学生的情况,做到因人施教。对优生在互动内容上要适当增加难度,启迪他们独立思考、探究发现。对学困生则应倍加关注,降低要求,给他们适合的台阶,让他们体验成功的喜悦,从而树立自信心。时间安排上要适当,既要照顾思维活跃的学生,也要拿出一定的时间,让反应慢的、腼腆的学生进行互动训练,让其逐步适应互动教学。

(4)提供学生个性化展示的舞台。"一五三"课堂教学形式旨在让每一个学生个体的潜在能力得到充分自由的发展。因此,教师应对学

生充满积极的期望，并时刻关注学生所关心的、需求的东西，给他们一个充分展现自己个性的舞台。这样课堂中没有了嘲笑，没有了歧视，没有了指责，有的是感悟、参与、实践和体验，鼓励、努力和自信，合作、交流和交际。同时，教师应注意到学生是平等的，无好坏、主次之分，应一视同仁，因材施教。

2. 教学内容问题化，注重诱导，让学生"动"起来

孔子说："知之者不如好之者，好之者不如乐之者。"兴趣是学习的先导，是创新的动力。中国教育学会小学语文教学专业委员会理事长崔峦说："改变学生学习方式的前提是改变教师的教学方式。要变处处牵着学生走的教师主宰式，为顺着学生的学来'导'的启发引导式。"这就要求我们高中语文教师不断地对学生进行诱导，激发学生的学习热情。

（1）强调参与。审美教育的实践表明，学生是介入者还是旁观者，是动态地操作还是静态地观看，效果是很不一样的。语文教师可以通过设置问题的方式引导学生参与进来，也可以变老师讲为学生讲，学生进行审美描述，还可以通过让学生练、学生演、学生辩论甚至审美创造等多种教学活动，让学生参与教学的制作课程，在身心运动中体验审美的乐趣。

（2）强调因材施教。在实际的教学中，我们绝不能按照一个模子去塑造人，而是要发现学生的个性特点，因材施教。教学中我们往往会遇到这样的问题，很多老师很难调动后进生的学习，很难使他们积极自主地学习。当然，这并不是因为后进生不想学习，而是他们很难在学习中获得成功，体验成就感，也就没有了快乐体验。如果教师在设置问题和教学内容的时候考虑每种学生的梯次发展，将问题层次化，不需要每一个学生完成一样的题目，让他们每个人都在思考过程中找到成就感，那么学生自然就会获得愉快的体验，自然也会兴趣盎然。

3. 通过优化分组，打造高效课堂"动车组"，让学生"动"起来

高效课堂的合作学习是以小组为基本单位进行教学活动的，构建合作学习小组是进行合作学习活动的组织前提。合作学习小组通

常设置人数以六人为宜，人少不利于很好地开展讨论和交流，不易碰撞出智慧的火花；而人多难保证有充足的时间人人参与，不利于交流和个人展示，影响合作学习的有效实施，会使有些学生产生依赖心理，懒于思考。

坚持小组讨论"先一对一分层，再组内集体讨论"的原则，先让同层次学生进行讨论，然后小组将分层讨论中不会的问题和小组讨论不出结论的问题反馈给老师。要坚持"A层教B层，B层教C层，A层拓展"的分层次学习理念，让不同层次的学生在课堂上实现"跳一跳，够得着"的目标，让每一个学生享受学习成功的快乐。对于难度较大的知识，学生不能独立完成时，教师适时进行补充。这样让每个层次的学生都能得到充分的展示，让每个学生都能有所得，享受学习的快乐。

将知识问题化，将问题层次化，实现"知识与能力""过程与方法""情感态度与价值观"三个维度的交融与综合，解决"学什么""怎么学"与"学习效率"的问题。在课堂教学中，教师要扮演好"引领者"的角色，将竞争机制引入课堂，使学生通过自我竞争、生生竞争、组组竞争，产生源源不断的学习动力，使课堂充满活力，让学生的思维始终处于兴奋状态，不断拓展思维的广度及深度，从而培养和提高学生的思维能力。

让学生在课堂上"动"起来，就是让学生参与知识生成过程，进而"动脑"；让学生记笔记、写体会、到台上写板书，继而"动手"；让学生上台展示、发表自己的观点，对他人的认识进行质疑、补充，随后"动口"……这样的课堂，学生的主体地位得到了充分的体现，真正"动"起来了。

莘县振兴学校的分层走班制

莘县二中的初中部——莘县振兴学校是一所民办公助初中，它不仅沿袭了莘县二中的"全员育人导师制"和翻转课堂，同时在课堂改革方面也做出了大胆尝试，做出了自己的特色——分层走班制。下面介绍莘县振兴学校的分层走班制。

一、分层走班制及其由来

《国家中长期教育改革和发展规划纲要（2010—2020年）》明确提出，"遵循教育规律和人才成长规律，深化教育教学改革，创新教育教学方法，探索多种培养方式"，"注重因材施教，关注学生的不同特点和个性差异，发展每一位学生的优势潜能。推进分层教学、走班制、学分制、导师制等教学管理制度改革"。在此背景下，我国基础教育新课程改革已基本上完成了第一阶段的任务，现在正在向第二阶段，也就是全面深化加速推进阶段。其中一项任务就是要"改变课程实施过于强调接受学习、死记硬背、机械训练的现状，提倡学生主动参与、乐于探究、勤于动手，培养学生搜集和处理信息的能力、获取新知识的能力、分析和解决问题的能力以及交流与合作的能力"。因此，教学模式的改革迫在眉睫。

在此次改革中成效显著的北京十一学校的校长李希贵说过："这场育人模式的改革是以构建一个推动学生选择的多样化的课程体系，进而形成每一位学生不同的课程方案，最终实现我们教育的本质，让学生能够发现自己，唤醒自己，成为自己。"正是因为北京十一学校轰轰烈烈的课程改革，"分层走班制"这一名词才悄然进入大家的视线，并且被誉为"衔接高考改革的一种新潮流"。

许多学校都认识到，当前教育最紧迫的问题在于把学习的自主权重新交还到学生手中，让他们成为学习的主人。莘县振兴学校自成立以来，杨兴亮校长就把"为学生提供适合的教育，让每个学生成为最好的自己"定为学校的办学宗旨，"适合的教育"注重关注和了解学生的个体差异，因材施教，为每个学生的未来发展考虑。但是，改革的实践过程并不是一帆风顺的，在推广和实施的过程中还存在着许多问题，需要我们不断去探索和实践。鉴于此，笔者通过对学校改革取得的成效以及出现的问题进行思考分析，进而提出相应的解决策略和未来的发展期望。

二、分层走班制目的及意义

"分层走班制"，顾名思义，是"分层"和"走班制"两个概念的组合。"分层"指根据学生在不同学科方面的不同能力，进行层次划分，以使其在该学科上取得应有的发展，这是目前中学阶段在大班额教学条件下解决学生差异发展问题的有效途径。"走班制"指上课的教室和进行教学的教师固定，学生根据自己的兴趣和学习能力进行层次划分，选择在适合自身实际情况的班级中上课，不同层次班级的教学内容、作业布置、考试难度等都是不同的，这就适应了学生的个性发展。并且"走班"不单单在课堂教学中产生作用，也体现在学生自主管理、社团活动、社会实践等德育课堂中。它打破了传统班级授课制中教师、学生和教室完全固定的情况，符合因材施教的理念，是进行个性化人才培养的有效途径。

此外，分层走班制教学模式主要在容易产生两极分化的学科上执行。莘县振兴学校的学生大多来自偏僻的农村地区，他们在英语和数学学习方面存在较大的差距。学生学习成绩差异显著，极易造成学习上的"马太效应"，即成绩好的学生受到教师更多的关注，自信心不断提高从而不断进步；相反，成绩差的学生得到的却是来自教师和家长的批评，自信心和自尊心都受到严重打击，致使学习成绩不断下降。实行分层走班制教学，学生可以根据自身实际情况进行分层学习，不断进步。这样不仅做到了因材施教，而且在最大限度上保护了各个成绩阶段学生的自信心，也给予他们适当的压力，从而通过竞争促使自身不断地提高。

总之，分层走班制的宗旨是尊重并接受每个学生的发展差异，使每个学生都能够得到适合自己的最好发展。

三、分层教学的实施策略

要实施分层教学，首要的前提是认识和了解学生，包括每个学生的准备水平、兴趣爱好、能力倾向和学习风格等，从而对不同学生进行分层和制定不同的学习方案。莘县振兴学校对于分层有以下具体做法。

(一)对学生进行分层

在教师充分掌握学生自主学习的能力上将学生分出层次，根据学生平时数学、英语的学业水平成绩，将学生分成好、中、差三个层次，即 A、B、C 三层，三者所占比例分别为 30%、50%、20%。尽量扩大 A 层次学生的比例，以提高学生的竞争能力，在保证 B 层次学生水平稳步提升的同时对 A、C 层次进行"两头抓"，每次考试完毕后重新排组，以保证更好地对每个学生制定新的学习方案。

可将学生以横向、纵向四人一组进行分组学习，对于学习成绩好主动进行学习的学生（A 层）与学习成绩偏差但主动学习的学生（B 层）分组合作学习，使 B 层学生能更好地学习 A 层学生的学习方法从而成绩有所进步，将学习成绩好、主动进行学习的学生（A 层）与学习成绩差、不主动学习但思维灵敏（C 层）的学生分为一组，使提高 A 层学习氛围的同时增加 C 层学生的学习积极性。

（二）对教学进行分层

"分层施教"是分层递进教学中最关键、最难操作，而且最富有创造性的部分。应采取灵活、有效的教学方法和手段，使不同层次的学生能够异步达标。

1. 按课型确定分层

在授课时间的安排上，B 层、C 层的授课时间要得到充分保证，一般为 25~30 分钟。这样能保证 B、C 层学生听懂吃透。对 A 层只需点到为止，一般 5 分钟左右，使 A 层学生学有余味，即下有界（使每个学生都掌握最基本的内容），上无穷（定向启发，课外发展）。复习课、习题课教学分层较明显，以学生层次差为教育资源，努力创设一种合作学习的氛围。利用高层学生的答问、小结、归纳、板演、辅导为低层学生开拓思路、取长补短。教师按照学生的分层设置练习，建立学生所要获取的知识同学生认知中已有知识的联系，使各层学生在各自学习的最近发展区内有所发展。

2. 按教学内容分层

例如，对数学概念的学习有了解、理解、掌握、应用等不同程度要求，概念本身也有狭义与广义、内涵与外延等层次内容。课本中的例题起着对概念的应用、解题规范化的示范作用，具有代表性、典型性，但是层次性不强，内涵有限。教师应熟悉教材前后联系，掌握每个概念、例题所处的"地位"，对概念、例题进行恰如其分的分层，有的适可而止，有的加以铺垫与引申，形成变式例题组或习题组，以供不同层次学生选用。

3. 提问分层

为了鼓励全体学生都能参与课堂活动，使课堂充满生机，教师应有意识地编拟三个层次的问题，便于课堂提问：有思维难度的问题让A层学生回答，简单问题让C层学生回答，适中的问题的回答机会让给B层学生。学生回答问题有困难时，教师给予适当的引导、点拨。

4. 练习、作业分层

针对教学内容和学生实际学习能力，教师分层次选编基本巩固性练习、拓展性练习、综合性练习。对C、B层学生要求紧扣课本，C层学生能完成课本上大部分练习和A层作业题，会做其中基础题；B层学生能完成书上全部练习和A层作业题，选做B层题；A层学生另外增加变式题和综合题。练习、作业可分为必做题和选做题，必做题全体学生都做，选做题由B层学生选做，A层学生全做。学生完成各层次相应练习和作业后，选做高一层次练习、作业。这样可解决以往统一习题、作业时，高层学生"吃不饱"、中层学生"吃不好"、低层学生"吃不了"的矛盾。

5. 辅导分层

平时利用第二课堂对学生进行分类辅导。对C层学生的辅导主要是调动非智力因素，培养师生感情，激发学习兴趣，指导学习方法，面批部分作业，个别辅导，重点突出，选题简单、基础；对B层学生，增加综合性习题，鼓励拔尖；挑选A层学生进行数学竞赛辅导，主要是培养创造性思维与灵活应变能力。

（三）对测试进行分层

阶段测试是对学生学习所掌握多少的衡量，对学生的测验采用符合A、B、C三层不同水平的试卷，以使不同的学生在考试过程中都能将自己的水平发挥出来。在测验的过程中，学生可以根据自己的实际情况选择不同的试卷，即C层的同学可以选择B层的试卷，同样，B层的同学也可以选择A层的试卷。每次测验后各个层进步较大的同学可以上升一层，而退步的同学则降到下一层。

四、"分层走班制"改革中出现的突出矛盾与问题

"分层走班制"的推行本是为了解决在以往教学过程中，总有学生"吃不饱"或"吃不了"的问题，但是在实施过程中，对该问题的解决仍存在一定的难度。随着改革的不断推进，以下诸多问题便凸显出来并阻碍着改革的持续有效进行。

（一）分层选班中出现新的不平衡

分层走班制的实施首先要站在承认并尊重个体差异的起点之上，然后再对学科、学生、教师进行合理分层分班。但是，就目前的情况来看，如何进行分层分班存在着问题，具体表现在以下几方面。

学科层面上，分层一般针对容易产生两极分化的学科，如英语、数学等，但如何对这样的学科进行有效合理的分层呢？就数学学科而言，整体可分为初等数学和高等数学，这里主要说的是初等数学。在初等数学中有认识数、图形、方程、函数、简单统计与可能性等各部分的划分，且各个部分还可以继续进行划分，如方程学习可分为一元一次方程、一元二次方程、二元一次方程等。那么问题来了，随着年级的升高，学生会对这些内容进行更加深入的学习，由于学生基础不同，如何更好地对这些学习内容进行合理分层以满足不同学生的需要呢？

学生层面上，总有学生会"吃不饱"，他们觉得老师给的练习太容易，缺乏挑战性；同时也总有学生"吃不了"，越是学不会，就越没兴趣……有些学校便将"层"分为 A——拓展层、B——提高层、C——基础层，但是这样的分层是否做到了既给学生分层又不伤害学生自尊，尤其是对 C 层同学，这一点还有待思考。有调查表明，在 218 名 C 层学生中，有 30.28% 的学生认为，只要自己学习努力，分在哪个层无所谓；但是仍有 45.88% 的学生认为，老师对自己是有歧视性看法的，他们认为 C 层就是被"抛弃"的。基于此，学生极易产生抵触心理、不公平心理和标签效应，进而学生追求进步的积极性被严重打击。另外，在分层选层问题上，家长因素也必须考虑。如果改革可以取得家长的支持，无疑会起到事半功倍的效果。故分层选层对学生来

说是一把双刃剑，如何对学生进行心理辅导和情绪调整，如何把伤害降到最低并取得家长的支持与认可，仍是当前所面临的严峻问题。

教师层面上，鉴于我国人口和经济发展的基本情况，师资分配本身就是一个严肃的问题。实施分层走班制，要求有更多的专业型教师。但是，各个学校的师资基本上是稳定的，这就对学校实施分层走班制提出了巨大的挑战，也对教师的专业化成长提出了更高的要求。分层选层时，很多学校出现这样的现象：分配在C层的大部分是年轻教师，如此便会使这些教师产生自己"不被重视，技不如人"的心理。再加上学生和家长对年轻教师教学能力的不信任，就进一步加剧了年轻教师的不自信，从而影响教师的教学积极性。所以，从教师的教学能力、男女比例上对老中青教师进行合理分层搭配，也成为分层走班制有效进行的关键一环。

(二)管理难度加大，面临新挑战

实施分层走班制，使行政班消失，取而代之的是各种各样的教学班和兴趣班。这样一来，学校教学过程的管理难度陡然加大。学生"来去匆匆"俨然成为学校课间走班时的亮丽风景，可能会出现走班不及时，造成过程混乱、学生没能按时到教室、忘带东西的现象；教师收发作业、课间找学生会存在困难；会给一些自我约束力差、调皮捣蛋的学生以可乘之机，出现学习懒散、逃课等现象；会淡化学生的班级观念，对学生班级认同感、荣誉感的培养造成影响……以上种种问题的出现，都表明分层走班制对学校管理提出了新的挑战。为此，学校各方面教学资源的合理配置与有效利用问题就亟待解决。

(三)评价难以真正做到科学、公正、有效

评价问题历来争执不休，即使是实施分层走班制后，这一问题仍引起了广大学者的重视与探讨。实施分层走班制，对开展学生评价和教师评价提出了更严的要求。

首先，学生评价困难重重。由于实行分层走班制，学生一直在"走"，教师难以实时把握学生的现时现况。行政班的取消也对学生评价产生影响，虽然仍设有学生走班上课后的自习室，但是班主任无法及时准确地了解学生，进而无法对学生做出客观、真实、有效的评价。走班制打破了原先"同桌的你"这一排座方式，致使同桌评价无法进行。另外，若采用书面评价的方式，也存在着如何把握试题难度及其后的结果评价等问题。是采取同层内评价、不同层评价还是二者兼具，是对学生进行横向比较还是纵向比较，抑或借鉴国外引进学分制，这些都是需要认真考虑的问题。

其次，教师评价也面临着棘手的问题。如果一味地按照以前的只看教师所教学生的成绩优劣来评价的话，无疑是止步不前，不利于教师专业化的长期发展。由于高考升学压力的存在，极易使教师将A、B、C层扭曲为"快慢班"。如果一个教师同时给A、B、C三个层次的学生授课，而各层学生的基础不同，易使教师产生"倾向"心理，出现不公平现象。这个时候，如何对教师的教学工作进行合理有效的评价，使教师公平对待各层次学生就十分值得探讨。

解决分层走班制问题的对策

一、解决分层问题对策

关于分层问题，首先要尊重关系各方，也就是学科、学生、教师三个方面。其次，在分层过程中，要明白层不是分得越多越细就越好，要充分照顾各层次学生的自信心和自尊心。为此，有学者提出，分层应当遵循"细化尖端学生分层，弱化中等及其以下学生分层"的原则。北京四中在分层走班教学的探索过程中，就遵循了这一原则。具体是以五个行政班为一个走班单元，分成一个A1班，一个A2班，三个平行B班，这样整体上存在三个层次，各层之间梯度小，有利于刺激学生挑战自己的决心。再次，要认识到分层不固定，可以根据不同学科和具体实施情况进行适当调整，如在人数比较多时，可以在保证分层有效性的前提下增加行政班。也可在学期末通过教学效果考量，对所设层次进行不同程度的调整与增删等。最后，要适时对各层级进行合理性评估，随时关注各层的动态变化，切实做到为每个学生的发展负责。

动态走班，强调"动态"二字，也就是要灵活管理走班。在这一点上要注意，学生流动到哪一层次并非固定，可以在学期中、学期末进行定期的调动，且调整间隔时间不宜太短。另外，对于调整人数，要具体情况具体分析。在调动过程中，更要及时关注被调层学生的心理和情绪状态。教师要引导学生积极面对调整，对学生进行心理疏导，争取做到动态调整、合理分层，让学生在愉快的状态下轻松学习。

二、对教师提出更高要求

实施分层走班制，对教师提出了更高的要求，需要教师能力的全面提升。一方面，教师要充分了解分层走班制的实施初衷和具体实施方案，解决自身疑问，进而全身心投入改革。另一方面，为了维护教育的基本伦理，如公平、正义等，教师还要学会自主调整心态，每位教师都可能到知识基础略显薄弱的班级任教，以促进每位学生的全面进步，而并不是所谓的"好老师教好学生"。

分层走班制一定要坚持教师全员育人、分层负责。首先，在师资分配上，为避免"好老师教好学生"，教师应当进行交叉分层任教。具体就是每一任课教师既要担任 A 层的教学任务，又要担任 B 层的教学任务。这样，就要求教师做到备课分层、上课分层、作业分层、辅导分层、评价分层，为不同层次的学生提供最合适的教学，使学生在最近发展区内获得最大限度的发展。其次，在教师搭班时，要注意老中青教师搭配，这样年轻教师可以跟着老教师学习更多的教学经验，更好、更有效地解决教学难题。同时，老教师也可以通过与年轻教师的交流和相处，接受其新的教育理念和新潮的教学方式，从而与时俱进，不断更新、丰富自身。再次，要注意男女教师合理搭配，因为男女教师各有其自身独特的性别魅力与特点，考虑到男女教师对学生人格不同的影响，在搭班时要进行混合安排。最后，还要注意师资调配时教师的心理状态，一定要让教师满意并认可当前的安排，避免教师产生不平衡的心理，影响教学情绪。

三、解决管理问题的对策

管理从思想上来说是哲学，从理论上来说是科学，从操作上来说是艺术，它直接关乎活动的效率。关于学校管理，张謇曾说过："军队无放任，学校无放任，此今日世界各共和国之通例。军队放任，则将不能以令，学校放任，则师不能以教；将不能令则军败，师不能教则学校败，其为国患，莫此之尤。"分层走班制的实施，给学校各方面的管理加大了难度，却为教师、学生的更全面发展提供了契机。

关于学生管理，学校要有一种开放的心态，加强学生自治。例如，任课教师可以指定或由学生自荐成为本层次该学科的课代表，帮助教师完成考勤记录、作业收发等工作。并且要实行轮换制，尽量让每个学生都参与到班级管理中。这样，既锻炼学生自身的组织管理能力，又减轻任课教师的管理压力，使其专注于教学，以更好地保证教学质量。

关于教师管理，安排班主任时应该两个班级一组，在考虑老中青教师搭配的基础上，任命某科任课教师为该教学班的副班主任，协助班主任共同管理班级。班主任要公平对待不同层次班级学生的教学与管理工作，并主动与副班主任沟通合作，二人协同管理。为了实现管理经验及学情的共享，班主任和副班主任要经常交流班级情况、学生情况，从而更好地承担起促进学生发展的责任。

另外，学校应该孕育属于自身的特色文化氛围。有效管理学校自身的校园文化，做到"随风潜入夜，润物细无声"，对师生的身心发展都有潜移默化的作用。所以，学校应该孕育积极向上的与当地风俗传统相关的特色校园文化，为全校师生创建一个更加和谐、有意义的校园环境。

四、解决评价问题的对策

新课改要求，评价不仅要关注学生学业成绩，而且要发展学生多方面的潜能，了解学生发展中的需求，帮助学生认识自我、建立自信。对学生评价时，因学生基础不同，各层次要自己组织考试检测，因命题难度不同，评价标准也要不同。总之，应在同层次内进行横向比较。另外，评价不应只看重考试成绩，而应该把平时成绩加进去，对学生的综合素质进行整体评价。因此，要注重过程评价，例如，可以引进"成长记录袋评价"等方式，这样更有利于学生的全面发展。可以借鉴国外的评价方式，引进学分制，但是运用时要把学分制本土化，以符合我国学校的评价实情；可以效仿大学的评价方式，进行学分绩点评价，但也要加以改进，以适应中学的学习和评价特点。

进行教师评价时，不能再用传统的评价方式，即以学生的学业成绩来评定教师的工作业绩，或仅凭一两节公开课或一两次常规听课就对教师进行教学能力的评价。这种评价体系会使教师完全处于被动状态，不利于调动教学的积极性，也不利于教师自身专业化的成长。所以，在对教师教学工作进行评价时，学校应该建立一套完善的评价体系，例如，有些学校对教师进行的"整体评价"就不失为一种好方式。教师评价可以强化团体整体评价、弱化个体评价，可以加入学生对教师的评价与教师的自我评价，不再一味地只根据学生的学习成绩升降来评价教师的教学能力高低。另外，学校应该积极组织教师进行不定期的相关政策与理论的学习培训，提高教师的教学能力和专业素养水平，为教师自身发展提供更广阔的空间。同时，教师自身也要与时俱进，不断更新自己的知识储备，认真阅读相关理论书籍，持续进行自我评价与检视，完善自身的知识结构和综合素养，努力做到教、学、研相结合，做一个研究型、终身学习型教师。

教育本身是一件涉及多方关系的事情，推行某种教育改革自然也离不开各方的支持。实施分层走班制教学，需要社会、学校及所有参与改革的人员的支持和共同努力。首先，政府和社会要为分层走班制教学改革的实施提供足够的软硬件资源支持，并为改革顺畅进行开展有效引导与宣传，减少改革阻力。其次，学校要走在改革的前面，积极做好各项准备工作和问题应对措施，如分层问题、资源管理，为实施改革制定详细的操作方案，以取得家长和社会各界的支持等。最后，所有参与改革的人员要摆正心态，积极看待改革，用全员负责的态度推进改革，为改革的顺利进行贡献自身的力量。

五、分层走班制的反思与展望

我国新课程改革已走过十几个年头，分层走班制教学模式改革在实践中的摸索也已有七八年，总结其成效与问题所在，这一教学模式改革又该如何继续向前推进呢？

第一，分层走班制是借鉴美国的选课制和走班制发展而来的，但是美国的选课制和走班制是与其相关的学分制配套实施的。在这一点上，进行分层走班制教学模式改革的学校只单单引进这一教学模式而没有建立相关配套的评价体系，这样改革的成效无疑会大打折扣。学校分层走班制未来的发展不能盲目崇洋，需要紧密联系我国中小学的教学实际与改革环境，不断完善各种与之相配套的相关体系和设施，让改革的成效达到最大化，从而惠及每一位参与改革的师生。

第二，在学校管理上，改革要大胆创新。随着分层走班制的不断深化，学生的选择权和自主权也不断增强，在这个时候学校就要敢于放权，让学生自主管理自身的学习与生活。这样不仅可以提高学校管理的效率，而且可以锻炼学生自我管理的能力和认识集体管理的重要性，让学生真正地实现自主自助、快乐成长，体会成为主人翁的感觉。

第三，教师成长与评价工作需要重新建构，以适应当前改革环境中的种种变化与挑战。在任何一项学校改革中，教师始终扮演着重中之重的角色，如果在改革中教师不能调整自身以适应改革的步伐，这项改革在某种程度上就可以说是失败的。在此次分层走班制改革中，教师受到的最大冲击是其原先完全主导地位的动摇，主动权现在掌握在学生的手里，教师变成在教室里等待着选自己课程的学生的角色，这会让教师产生主体危机感。所以这次改革对教师各方面的专业学习能力和相关素质素养提出了更高的要求，学校要及时对参与改革的教师进行培训并对其提供全面的支持，让教师尽快适应自己的新角色，以促进改革的顺利进行。

第四，纵观全局，学校要在改革前对自身各方面的硬件和软件资源进行全方位的评估，做到心中有数。另外，学校还需要对自身的未来发展进行整体规划，借鉴相关学校的改革经验，少走改革中不必要的弯路，同时需要坚持学校自身的校园文化特色，走属于自己的特色改革之路。

分层走班制的不断推进，必然会伴随惊喜与困难的出现。同时改革进入深水区，学校要逐渐适应群体多样性和个体独特性共存的校园变化，不断加快改革步伐，从实践中获得更大的成效，为分层走班制的未来发展提供更加有利的改革环境，从而推动我国新课程改革的不断深化。

翻转课堂与"教研+信息化"

2012年，教育部明确提出要将教育信息化摆在支撑引领教育现代化的战略地位。莘县二中是山东省最早将"翻转课堂"付诸实践的高中学校之一。2014年，莘县二中被山东省教育科学研究所批准为山东省"翻转课堂与微课程开发实验基地"和"教育规划重点攻关课题研究单位"。

在浓郁的教科研氛围中，教师的教科研活动也随课堂教学改革而风生水起。学校专门成立了"'一五三'翻转课堂教学研究室"和"德育教研室"，聘请了校内32位优秀教师进行科研，41名学生做兼职研究员。如今，在学校136名教职工中，拥有国家级、省市级科研课题研究成果者98人。学校所承担的省重点课题"教育生态学理论视域下的普通高中育人体系构建的研究"正在开展中，且已取得阶段性成果。

教科研活动的开展，在推动学校教育教学的同时，使教师"常教常新"。目前，学校正致力于打造"信息化生态校园"——由学校环境系统、课程系统、管理系统等构成的一个系统化、立体化、相融性的综合体系。2016年6月，学校代表山东省中小学参加了由联合国教科文组织等主办的"2016年国际教育信息化创新产品与应用成果展"，校长在"山东省中小学校长信息化领导力论坛"上做典型报告。

"不放弃每位学生，让所有学生成功"，"为每个学生提供适合的教育"，校长每次外出讲座时都会提到这些话语。他说："教育信息化，人才要先行。只有不断提升自身专业素养及信息技术能力，经过信息化的浸泡，教师才能真正站起来，才能让学生获得真正的成长。"

教育信息化是一个循序渐进、不断发展的过程。由于教育信息化建设的规划和组织离不开现代教育思想和现代教育理论的指导，其应用过程本身也并不是现代信息技术与教育二者的简单"相加"，而是现代信息技术与教育的融合。

目前，信息技术已经成为当代教育改革的强大支持力量，教育信息化展示了未来教育的美好前景，对激发学生的学习兴趣、增强学生的学习动力发挥了很好的作用，对教师的教学也产生了不容忽视的改变。下面是莘县二中老师和学生对学校进行教育信息化之后的体会和感悟。

信息化改变了我和我的学生

张翠兰

我们生活在一个信息化的时代，亲眼看见了它对各行各业起到的翻天覆地的改变，也亲身感受到信息化给我们带来的便捷。可喜的是，信息化时代的到来，也为我们的莘县二中教育注入了一股清泉，让沉闷的课堂"复苏"起来了，充满了生机和活力。

在2014年的秋天，学校开始了"信息化进课堂"的大胆改革，创建了"'一五三'翻转课堂"教学模式。我参与了课改的整个过程，在摸索课改的过程中，可以说酸甜苦辣咸五味俱全。我有过思想上的抵触与反抗，有过行动上的拒绝与对垒，有过失败，但更多的是说不尽的收获。

"一五三"教学模式经过多年的打磨，已经进入了成熟期，老师的"教"、学生的"学"都发生了很大的变化。比如，以前老师上课前想知道学生的预习情况，只能通过批改导学案来完成，但这种繁重的工作把老师累得筋疲力尽。现在采用信息化教学，不但激活了课堂，提高了效率，也解放了师生。我们可以在自主学习结束后，通过我们先进的教与学平台发给学生在线测试题，学生做完后，提交答案，随即平台系统就把学生的作答情况统计出来，难点、错点一目了然。老师接下来的工作就只剩根据统计的结果，调整自己的教学设计，并进行查缺补漏。当然，学生提交答案后也能知道自己的错误，然后可根据老师发送的答案更正自己的错误，进行有效的再学习。这个环节减少了老师的工作量，也方便了学生的自我检测。更让我惊叹的是教与学平台上具有的课堂检测功能，以前课堂上学生做个选择题，老师是通过举手的方式粗略地统计每一个选项的选择人数。有了信息化平台，这件事则变得如此的简单。老师只需把题发送给学生，学生通过平板电脑提交答案，大屏上立刻以柱状图的形式动态地呈现出统计的结果。根据柱状图，老师可看到学生作答的百分比，还可以具体了解哪些学生选 A、哪些学生选 B 等；哪些同学做对了，而哪些同学做错了。全方位地了解了学生的作答情况，既方便又快捷，为老师有的放矢地教学提供了抓手。

信息化教学不但将老师的"教"带进了一个全新的境界，而且将学生的"学"也推上了一个崭新的阶段，激发了学生的学习兴趣，开阔了学生的视野，改变了学生的学习方式。在自习课上，老师为了解决学生学习过程中遇到的困难，通常会发送给学生一些对重难点讲解的微视频和一些学生感兴趣的资料，并且这些视频和资料在课下还可以打开反复观看，这种举措对学困生学习兴趣和学习积极性的培养起到了意想不到的效果。比如，我们班的小马同学，开始上数学课时几乎不听，并且有放弃学数学的念头，因为他实在是听不懂，不会的知识太多，既不好意思，又不敢问老师。但信息化教学走进课堂后，他通过观看老师发送的微视频和一些 PPT，慢慢地对数学有了点感觉，有了点兴趣，甚至到后来还能与老师探讨一些数学问题。

这样的例子不胜枚举，再如我们班的小明同学，上数学课时注意力不太集中，总好与别人交头接耳，老师三番五次地教育他，他仍改不了这个恶习，致使成绩一滑再滑。但是信息化进入课堂后，他对电子抢答、拍照上传这些学习环节很感兴趣。为了能抢答到题目，为了能把自己做的既完整又规范的题展示在大屏上让老师和全班同学欣赏，他每节课都能全神贯注地积极学习。经过一段时间，他成为一名被老师、同学认可的优秀生。他的变化之大，成长之快，得益于信息化的实施。

信息化教学不单单加快了课堂的节奏，提高了课堂效率，让老师的"教"轻松又快捷，它还唤醒了许许多多的学困生，让他们从厌学、不愿意学转变到有兴趣地学、乐学。信息化的实施让个性化的学习成为现实，为学生终身学习能力的培养奠定了坚实的基础。真诚地期望教育信息化的步子迈得再大一些。

信息技术为我的语文课插上了飞翔的翅膀

张灵芝

明代董其昌在《画旨》中言:"读万卷书,行万里路,胸中脱去尘浊,自然丘壑内营。"今人说:"读万卷书不如行万里路,行万里路不如阅人无数,阅人无数不如名师指路,名师指路不如跟随成功者的脚步!"非常有幸,在我的第一段职业生涯中遇到了闫淑青老师,她让我从浅层次语文教学的境界升级到了大语文观,让我领悟到了教文之外更深远的教育情怀;也特别感谢我的第二段职业生涯,让我来到了莘县二中,遇到了走在改革前沿的周校长,结识了"翻转课堂""一五三"教学模式",从此我的语文课堂就有了"飞翔的翅膀"。

《语文课程标准》提出:"语文课程应植根于现实,面向世界,面向未来。应拓宽语文学习和运用的领域,注重跨学科的学习和现代科技手段的运用……应当密切关注当代社会信息化的进程,推动语文课程的变革和发展。"我们常说,未来是一个信息化的社会,是一个高新技术迅猛发展的社会。这就意味着信息量大增、信息交换手段高度发展,计算机智能化和网络化成为必然的趋势。

在信息化的大背景下,围绕着"为每个学生提供适合的教育"这一办学理念,学校已经建设并逐步完善了基于信息技术平台的校园文化体系,这让信息技术优化我们的课堂成为现实。目前基于教与学平台的"一五三"翻转课堂教学模式在学校已经实施并卓有成效。

2017年12月,我讲了《念奴娇·赤壁怀古》这首经典的怀古词。"一字未宜忽,语语悟其神。唯文通彼此,譬如梁与津。"这是精读的基本规则,学习中国古典诗歌尤其要遵守这个规则——也就是要咬文嚼字,含英咀华,体会底里,经过对作品文字的细读、感悟、体验,达到深入作品意境、与作者相知相亲的程度。这节课我就完美地借力教与学平台、学生平板电脑,师生密切合作,一步步走进作品,乃至走进诗人的灵魂深处。

第一步,课堂起步于课前预习、集体诵读以及课前预习评测,初步感知作品概貌。教与学平台上完成预习评测，后台的大数据分析可以帮助老师迅速地判断出学生的疑难在哪里，是谁有疑难。然后，在课堂新授前的几分钟，教师根据后台数据，有针对性地点拨学生解决遇到的疑难问题。

第二步，以截取网络上的火烧赤壁视频资料导入，还原赤壁之战的真实场景，立体感强，激发学生随苏轼去找寻赤壁战场、追怀英雄豪杰的探索精神。这是给鉴赏教学做出的基本定位，避免四面出击，浪费时间。

第三步，围绕描写壮景来赏析词的上阕，咬文嚼字，从炼字的角度感悟苏轼笔下的壮丽景色。结合背景音乐，引导学生用声音读出壮丽，感受美景，从而自然而然联想到壮景背后的三国背景。

第四步，转入词的下阕，先由学生分析周瑜在词中的形象，完成教师设计的周瑜和苏轼形象对比的表格，然后利用教学平台的拍照功能，上传学生答案，分屏展示，从书写角度和内容分析两个角度来评价学生的答案，既培养了学生良好的书写习惯，又深化了对文章内容的理解。此处对比是全词鉴赏焦点，为突破全篇难点铺设了一个非常好的台阶。

第五步，表格中年龄的对比、婚姻生活的对比、外貌的对比、事业的对比，衬托出苏轼无奈的一生，此时通过PPT展示苏轼写给亡妻的词《江城子》："十年生死两茫茫，不思量，自难忘。千里孤坟，远处话凄凉。"还有他晚年评价自己的《自题金山画像》一诗中这样自嘲："心似已灰之木，身若不系之舟。问汝平生功业，黄州惠州儋州。"学生进一步走进苏轼的心灵，深刻体味到了他壮志未酬、报国无门的无奈。然后师生共同回忆曾经学过的他的名篇《赤壁赋》，再进一步体会他寄情于山水的旷达。

此时全课的高潮呼之欲出，我适时地配乐引出余秋雨先生的《苏东坡突围》里对他的评价："这一切，使苏东坡经历了一次整体意义上的脱胎换骨，也使他的艺术才情获得了一次蒸馏和升华。他，真正地成熟了——与古往今来许多大家一样，成熟于一场灾难之后，成熟于灭寂后的再生，成熟于穷乡僻壤，成熟于几乎没有人在他身边的时刻

"……成熟是一种明亮而不刺眼的光辉，一种圆润而不腻耳的音响，一种不再需要对别人察言观色的从容，一种终于停止向周围申诉求告的大气，一种不理会哄闹的微笑，一种洗刷了偏激的淡漠，一种无须声张的厚实，一种并不陡峭的高度。勃郁的豪情发过了酵，尖利的山风收住了劲，湍急的细流汇成了湖。"大家对于苏轼在词中所表现的豪放情怀有了进一步的正确认识。

　　整堂课的活动由于教与学平台的使用，大大提高了课堂效率。例如，贯穿课堂始终的利用平台举手、抢答等方式，不仅激发了学生表现的积极性，还为课堂上小组评价和个人评价提供了很好的工具。课堂结束时，老师利用PPT把优胜小组送上王座，又让学生利用平台投票选出最佳表现学生。小组排名、个人投票、大数据屏幕显示，让学生直观地看到自己在本堂课上的表现，从而促使他们下堂课努力修正自己的行为。

　　新的时代，信息技术助力莘县二中课堂改革，让我们每一位老师能够借助最先进的工具优化我们的课堂，让我们的每一位学生提高成绩的同时，又拓宽了新时代信息化视野。当然，对于信息技术更完美地在课堂中的应用以及其与各学科更亲密地贴合，有待各位同人进一步研究、探讨，并不断地实践。路漫漫其修远兮，吾将上下而求索！

谁把我们唤醒？

高二（3）班　陈颖竹

　　我曾经迷迷糊糊地沉睡在传统课堂上，在睡梦中听到老师不停地讲解枯燥的文字、难解的公式等，感到好累好累。而如今，信息化教学唤醒了我，并且让我喜欢上了它。感谢今生相遇！

　　　　　　　　　　　　　　　　　　　　——我的独白

　　众所周知，我们的成绩参加高考是毫无希望的，我们可以说考大学一点希望都没有，我们就是老师口中的"学困生"。但我们真的很幸运，与信息化教学邂逅，信息技术用它那独特的魅力唤醒了我们，让我们对未来充满希望。传统的教学模式已经不适合我们了，我们的基础太差，根基不稳，老师上课教的，我们即使拼了命地去学，也学不到精髓，只能摸到皮毛，甚至有时连皮毛也摸不到。但还好我们赶上了好时期，学校开始了信息化教学，我们摆脱了传统教学的禁锢，如同鸟儿自由翱翔在广阔的天空一样。我们可以根据自己的实际情况去制订属于自己的学习计划，可以通过教与学平台自主预习，在老师讲课之后再进行自我测试，检测自己到底学到了多少，落下了多少，及时进行查漏补缺。

我们这些学生对于学习本没有多大的兴趣。我们讨厌死板的传统课堂，讨厌死板的教学方式，讨厌毫无生气的文字，讨厌传统教学的一切一切。可喜的是信息化教学及时唤醒了我们的课堂，改变了这一切，让死板的课堂有了生气，充满了活力。我们喜欢上了被赋予了生命与色彩的文字，不再抵触课堂，不再抵触课本。那些五颜六色的电子课本、解释详尽的幻灯片、形式多样的测试题目等，居然让我们有一种学习的渴望。

十年前的三尺讲台已完全变了模样，老师们不再局限于死板的教学方式，我们也有了不同的学习方法。如同一盘散沙的知识点，也被老师通过信息化转为了更加具体的知识网络，更加系统、整齐，不会让我们觉得"眉毛胡子一把抓"，一切都井然有序、层次分明，知识重点也更加突出，学习与复习起来也更加容易，成绩自然也就上升得快了一些。

高中之前，我们就像被审讯的犯人，被动地接受审讯官的一切盘问，但上了高中之后，我们能真正积极主动地接受知识信息，而不再是被动地接受，我们成了知识的主动构建者。我们不再继续被迫学习，而是做学习的主人，我们能根据自己的学习情况进行定时的复习与知识巩固；我们不再像之前那样如同外部刺激的接收器、前人经验的存储器，而真正成了有主观能动性的、有创造性思维的活生生的人。

在现代信息化教学模式下，我们不再沉睡，对学习有了极大的兴趣。我们的主动性、积极性、创造性都得到了充分发挥，我们的潜力被无限放大，能力也在不断攀升，这对我们进入社会也有着很大的帮助。信息化教学不只带给了我们知识，还带给了我们许多不曾拥有的东西，这让我们受益匪浅！

信息化教学为我打开一片新天地
高二(3)班　付士震

学习的过程必定是极其枯燥无味而又乏尽心力的，但结果却是美好的。如果你能体验到读书的快乐，潜心研究，努力去寻找学习中的乐趣，你将会事半功倍。

在初中时我的学习成绩一直都不理想，也曾努力过，反思过，总结过，可就是找不到学习的乐趣，没有学习的动力，总觉得学习就好像是为父母而学，为老师而学。

每天老师在上面讲课的时候，我都在下面忙着做自己喜欢做的，尽管坚持过每天认真努力去做好每一件事，高效率、高质量地完成每一天的作业，但结果却不尽如人意，以致中考时我仅仅考出了可怜巴巴的分数。

后来进了高中，莘县二中的信息化教学为我打开了一片新天地，感觉像是走进了网络的殿堂，学校每个角落都得到现代信息化网络的覆盖，使一切都发生着巨大的变化。当我怀着满腔热血，昂首挺进正在播放的《开学第一课》的教室时，我感觉真的像活在梦里一样，一切都显得那么的虚幻，却又真实存在。

后来在课堂中，我下意识地改变了对待学习的看法和做法，不再像从前那般每天浑浑噩噩，而是抬头挺胸，认真听讲。要问我是如何改变自己这一状态的，归根结底还是要感谢学校这一套先进的设施。全面信息化的教学方式，不再如从前那般学生手持一堆书的传统教学方式。我非常喜爱创新过后的教学模式，不舍得浪费一分钟，生怕错过了什么，这种教学模式不仅激起了我对学习无限的激情，更使我热爱上了学习。全面信息化的教学方式使我上课不再发呆，遇到不会的题也不会因为羞涩而不好意思问老师，上课开始变得活跃起来。我从开始的"无足轻重"到现在的"重若泰山",从开始的"要我学习"到后来的"我要学习",从此以后我慢慢地热爱上了学习。也正是这种教学方式,给我带来了无穷的精神力量,帮助我从进班时的40多名稳步上升到班级第3名,这应该归功于信息化教学。

虽说"师父领进门,修行靠个人",但若是广义地分析这句话,个人的努力虽然很重要,老师的引导固然亦重要,但莘县二中的信息化教学,若能好好利用,定能使学生受益匪浅!

信息化教学课堂——我的真爱
高三(5)班　杨　薇

"桃李竞放,充满雨露花香。二中的学子在快乐成长,亲爱的导师相伴身旁,灵动的课堂自由徜徉……"旋律悠扬的校歌回荡在莘莘学子的耳边。随着科技的发达、教育的创新,信息化教学已经变成了现实,实际上它就是教师在网络平台上发布课堂信息,学生利用网络平台获得老师发布的学习资源。它使学习更加方便,为学生提高成绩提供了帮助。

学生在课堂上使用教与学平台进行学习,在学习中遇到困难时,可以在教与学平台上向老师提出问题,老师看到学生的问题后,会给予相应的解释。这样的教育方式,使学生可以更及时地解决自己不会的题目,同时,也激发了学生学习的兴趣。

这种信息化教学模式下的课堂,不同于以往的传统课堂。在这种课堂上,老师随时都可以将问题发送到教与学平台上,让学生通过平台拍照上传,然后在大屏幕上进行展示、点评,最后学生还可以点赞。另外,老师还可以利用电子抢答、随机抢答等方式调动学生回答问题的积极性,既活跃了课堂的气氛,又提高了学生的学习效率。课堂由原来的枯燥、沉闷变为充满活力,让学生真正成为课堂的主人。我喜欢这样的课堂。

如今,利用信息技术,学生改变最大的就是英语学习。在以前,学生查单词都是翻阅厚重的词典,身心俱疲。自从有了平台之后,学生可以抛开厚重的词典，在平台软件上进行搜索。信息化教学比词典更加方便，更加快捷，既节省了时间，也提高了学习的效率，让学生彻底地没有了身心俱疲的感觉！

在课余时间，平台也为学生提供了针对各种学科的小视频，学生可以根据自己上课时的学习情况，在课下有针对性地观看，并且也可以和老师进行线上沟通，继而解决自己不会的问题。同时，平台还为学生提供了一些娱乐小视频、心理小视频，让学生在休闲时刻可以释放学习的压力，放松身心，继而保持一个良好的学习心态。

现如今，许多地方的学校领导专家都来学校调研，学习我们的信息化教学模式。这种教学模式不仅得到了许多专家的赞赏，还得到了各地教师的喜爱。我相信，在这种教学模式下，学校的学生都可以接受更好的教育，都可以提高自己的成绩，都可以实现自己的理想，都可以取得成功！

信息化教学课堂——我的真爱。

"清晨励语"——激励学生的每一天

"清晨励语"是学校"全员育人"课题组根据高中学生身心发展规律和莘县二中学生知识基础差、各方面良好习惯有待养成等现状，从人生价值、前途命运、习惯养成、文明修养、自强不息、感恩等方面精心选编的适合高中生阅读、促进学生健全人格养成的美文。它是成长册的重要组成部分。由于高一、高二、高三的学生在学习、心理、思维等方面各有特点，课题组为不同年级的学生选择了不同的"清晨励语"，例如，高一学生的"清晨励语"侧重于习惯养成、信心培养，增强学生自我认知、自我悦纳、自我管理、自我实现的意识和能力，培养学生的健全人格和积极向上的心态，使处于高中阶段起跑线上的高一学生为高二、高三阶段的学习打好基础；高二学生的"清晨励语"侧重于同学关系、爱国主义、学习方法、自我管理等方面，增强学生爱国主义精神、健康心理、进取意识，让处于高中成长阶段的学生在心智各方面得到完善和发展；高三学生面临高考，学习任务繁重，升学压力大，这个学年的"清晨励语"侧重于自制力、意志力、责任心、自信心、理想信念的培养，减轻学生学习压力，增强高考必胜的信心，培养正确对待高考的健康心态，让处于高中冲刺阶段的高三学生为高考做好各方面，特别是知识和心理方面的准备。

"清晨励语"与《成长记录》的主题相对应，与学生每个星期的成长目标相一致。以高一上学期的"清晨励语"为例，与高一上学期《成长记录》的 8 个主题相对应的美文分别是：穆旦的文章《理想》《我文明，我讲规范》《珍惜每一分钟养成好习惯》《小水滴离不开海洋》《每个成功的人生都是自律的人生》《读书求知，丰富我生命的石像》，毕淑敏的文章《我自立，我很重要》与《永远有感恩的心》。

每篇"清晨励语"，学生每天上午预备铃后朗读一遍，各班级学生朗读时，全体起立，挺胸抬头，齐声朗读，学校德育处和各年级安排专人对学生朗读情况进行检查督促，并进行评比。这样要求的目的是要让学生真正地从内心认真对待每一篇"清晨励语"，认真对待每一个良好的习惯和行为，认真对待自己的成长，让"清晨励语"的每一个字、每一个句子都走进学生心里，溶入学生的血液，化入学生每天的行动中。根据"21 天法则"，每一篇"清晨励语"都要求学生坚持读 3 周，学生通过不断地阅读来思考学习的意义和做人的道理，从而产生积极的内驱力，热情拥抱生活，不断追求成功。

学校对高三年级在利用和朗读"清晨励语"方面的要求与高一、高二有所不同，因为高三年级面临高考，学生学习任务繁重，学习压力大，同时各班情况又有所不同（如有文科、理科之分，有音体美专业班，有计算机、护理、机电等春季高考班），高三年级各班班主任和导师可以根据自己班级的情况，发动班内学生自己编写和朗读具有班级特色的"清晨励语"，激励学生积极面对高考、迎接高考，用百倍的信心和努力去赢取高考的胜利。

下面摘录部分学生在"清晨励语"的激励下的成长与感悟。

成 长

高二(10)班　刘志浩

每一次选择都代表成长，每一次磨难都代表坚强。

老子说："上善若水，水善利万物而不争。"意思是最高的道德修养就像水一样，滋养万物而不争其功，情愿处在最低处，随物赋形而不怨，可方可圆而不争，这是一种大智慧、大境界。其实人生何尝不是这样。在成长的过程中，或许会遇到不顺心的事，这时不妨大度一下，用像水一样包容的心去看待人世间的万事万物。"非淡泊无以明志，非宁静无以致远"，能够拥有水的品质，才能获得心的成长。

十七八岁的我们不知世间险恶，不懂生活艰难，被父母宠着、老师劝着、朋友帮着，处在这个时期的我们正在把珍贵无比的时间肆意挥霍，今日的我们又将跨过一个门槛，步入社会，却不知该用怎样的心态去面对。该长大了，为了明天的美好未来，为了不辜负所有爱着我们的人。

经过蚌的孕育，沙粒可以幻化为珍珠；经过风雨的洗礼，幼苗可以成长为林木；经过大地的考验，溪流可以汇聚成大海。美好的事物无一不是经历过种种考验才成长为如今的璀璨，一个人只有经历过烈火般的烧灼，才可成长为令他人、令自我满意的存在。

人的一生中有许许多多的岔路口，要选择哪条路，全看自己。迈着坚定的步伐，带着一往无前的气势，去选择吧！一路走下去，或许遇到泥泞，遇到风雨的洗礼，这时千万别放弃，把它们看作人生路上的考验，用一颗平和的心去对待，就会收获到这一路走来最美的风景，这何尝不是一种成长。脆弱的小树只有经历过风吹雨打才可以成长为支撑天地的桥梁，瘦小的幼鹰只有经历过千万次跌倒才可以成为翱翔天地的雄鹰，不经历挫折何以成长，不经历现实的残酷何以知晓少年时的美好。

人在旅途总会有看不完的景致，走不完的坎坷，说不完的感受。

在成长的旅途中，人不可能永远一帆风顺。意志在磨砺中坚强，在生命的长河中，我勇往直前。

活得有诗意

高三(3)班 贾飞飞

海德格尔说:"人应当诗意地栖息。"当飞鸟翱翔天际,当鲜花盛开于大地,当人们脸上绽放出微笑,诗意开始在生活中流淌,人应该活得有诗意。

活得有诗意,或许应该如李白"仰天大笑出门去,我辈岂是蓬蒿人"般的飘逸洒脱。

然而,在生活急剧变化的现代社会,我们既不可能像陶渊明一样隐居深山,也不可能如李白一样率性而为。难道诗意的生活只青睐古人,而将忙碌的现代人推之至外?我想是错误的。

清晨起来,品一杯清茶,手捧一本《归去来兮辞》,让千百年前的悠悠山风,伴随着自己的精神,放飞到自己静谧的心灵田园,让自己的心沉淀、沉淀,在现代都市的躁动之中收获一份世外的宁静。这难道不是在诗意地生活吗?

在你百米赛跑胜利之后,你忘情地在雨中的操场上狂奔,任由汗水、雨水,甚至还有激动的泪水混合着流过脸颊,打湿衣襟。有人对你的这种举动感到不理解,问一场小比赛的胜利何以令你高兴至此,但我说,你这正是在诗意地生活。一次小的胜利足以令我们欢欣鼓舞,一次小的成功也足够我们尽情狂欢。

心里有了不顺心的事情,可是身边没有听众,这时候如果将这些事情都锁在心中,只能枉添自己的烦恼。选择一种现代方式诗意地生活吧!在自己的博客写上烦心琐事,就像对花草倾吐自己的愁思一般,花草不能言语,却能排忧解难,让心中的不愉快更快地消逝。

其实,要诗意地生活,就是要照顾我们的精神世界。哲人的话说得好,在物质丰富的时候千万不能亏待了自己,唯有如此,我们才能在钢筋水泥的现代都市里,如古人一般诗意地生活。

"清晨励语"让我们每天活得有诗意。

蜡梅，您永远不会倒下

高一(5)班　张青婷

"自是岁寒松竹伴，无心要占百花先。"不错，说的就是梅花。梅花，君子者也，高尚士也。当我们想起那句"宝剑锋从磨砺出，梅花香自苦寒来"的诗句时，也就懂得了苦是甜的前奏，甜是苦的回馈。

"感动中国十大人物"林俊德，在他参军入伍的52年里，参加了我国全部核试验任务，为国防科技核武器装备发展倾尽心血，在之后的40多年的科研旅途中曾获得30多项科技成果。在他被确诊为胆管癌晚期时，他拒绝任何手术和化疗，为了工作，从重症监护室转到普通病房，和时间进行较量。他在众人的搀扶之下，向数步之外的办公桌上，开始了一生最艰难也是最后的"冲锋"。直到倒下了，这位不怕苦不怕累的军人，完成了生命最后的"冲锋"。

一个12岁正值青春的小姑娘因肿瘤扩散至脑部组织，2012年11月脑死亡。她正是花样年华，却离开了我们。命运的残酷，让她像天使一样飞走，远离人间。当她自己决定把器官捐献给需要的人时，所有人都意想不到，父母最初也不同意，最后却帮她完成了这个心愿。是怎样一个不平凡的生命，把最后的闪光，留给了那些命运残酷的人。她已不再是一个平凡的小姑娘，而是一个星光熠熠的巨人。

我们记住了他们，他们的名字将永远如天空中那些光灿熠熠的群星，永远闪耀在我们的心间。他们如同蜡梅，将永远留得满地清香，将永远不会倒下。挺直、坚韧，即使风刀霜剑严相逼，也岿然不倒，挺拔自若。

回头看看自己，每天，我们是否战胜了懒惰的自己早早起床？每天，我们是否战胜怯懦的自己勇敢地举手发言？每天，我们是否面对困难，战胜不自信的心理毅然决然决定一试？我们虽然没有他们伟大的精神，但我们可以学习他们蜡梅般的精神。

细节决定成败，或许，我们在追逐梦想的道路上，有太多太多的坎坷和困难；或许，我们在坚持理想的征途上，有太多太多的反复和挣扎。我们是否依然镇定自若，是否依然保持不服输的心理？

你要做梅花，就要时刻想着你要成为一个怎样的人。命运的好坏掌握在自己的心中，无人可以操纵。蜡梅，你永远不会倒下！

励志人生
高二(9)班　白雪艳

也曾一度，我们怨天尤人，仰天长叹命运的不公，为何自己惨淡经营的一番努力得不到云开月明般的成功；也曾一度，我们励精图治，不再理会所谓宿命，在历经九九八十一难中俯首不语，默默耕耘。尽管生活的凄风苦雨有可能把我们的努力化为灰烬，但我们毅然决然在这片土地上播下希望的种子。身为莘县二中学子的我们，不会向困难与挫折低头，因为我们有励志的人生。

品味励志人生，荡气回肠。"路漫漫其修兮，吾将上下而求索"，屈原放逐，乃赋《离骚》；"出师一表真名世，千载谁堪伯仲间"，孔明鞠躬尽瘁，立志北定中原，兴复汉室；"安得广厦间，大庇天下寒士俱欢颜"，杜甫老迈，身居茅屋，心系黎民……千千万万人，便炼就千千万万种励志人生，谱写出一曲曲励志的进行曲，在这历史长河中飞扬！

冰心说："人们只惊羡她现时的明艳！然而当初她的芽儿，浸透了奋斗的泪泉，洒遍了牺牲的血雨。"人的一生最重要的不是拥有砖石般坚硬、闪亮的外壳，而是经得起风雨吹打、岁月煎熬的励志人生。在中国热播的一部风靡全亚洲的励志韩剧——《大长今》中，女主人公医术精湛，药膳食补亦堪称美味。中宗十分信任她，将身体完全交给她诊断，并下赐"大长今"称号。但真正让人钦佩的是剧中女主人公长今在一段又一段的浪潮中恬淡平和、宠辱不惊、游刃有余的风度。长今最终脱离了险恶的宫禁，与心爱之人双双出走结为连理的结局也令人称道。从长今身上，我领悟到：人一辈子，不在于得到了多少，而是付出了多少，要做到问心无愧，做到无怨无悔。

"你是不是像我在太阳下低头，流着汗水默默辛苦地工作，你是不是像我就算受了冷落，也不放弃自己想要的生活……"每个人都坚守着自己的梦想：在酒吧重复唱着心声的艺人，在书桌前写着一封又一封被退稿文章的作家，在滂沱大雨下奋力训练的运动员……或许他们当中有的人是那个跑龙套的"路人甲"，或许他们当中还有人为了几个字的排列组合通宵整晚，或许他们当中有人日复一日、年复一年重复练习着一组动作，但是他们相信自己这朵深山野谷中的"野百合"也会有春天，相信自己会一鸣惊人！正如周星驰那部电影《喜剧之王》诠释的那样，每个人都在坚守着、创造着，为了自己那小小的梦想、大大的愿望，他们相信"天道酬勤"、相信"水滴石穿"，体味一次又一次的失败，体味跌倒又爬起的励志人生！

"蓦然回首，那人却在灯火阑珊处"，当你跋涉千山万水时，当你历尽挫折磨难时，蓦然回首，你会发现一切都已微不足道，发现一切如此多姿多彩，领悟到一种"行到水穷处，坐看云起时"的豁达。这时苍穹正显深沉，夕阳正值晕红，归林的鸟儿，回家的游人，尽收眼帘。之前的心酸、落寞会转化为豁达、微笑。坐看云聚云散，行赏花开花落，与明月邀歌，同化蝶共舞，尝仙露琼浆，品励志人生。

别开生面的主题班会

班会是对学生进行思想品德教育的一种有效形式和重要阵地。为更好地发挥班会在培养学生健全的人格、优良的品质方面的重要作用，深化学校德育教育内涵，莘县二中根据全员育人导师制和学校实际，实施每周召开一次主题班会制度。

主题班会的召开分为两个阶段。第一阶段，在星期日晚上自习课前，各班主任导师（即班主任）和导师召开碰头会，学校德育处和年级安排专人进行督促检查，学校把这个制度称为"主题班会预备会"制度。召开主题班会预备会，各班主任导师和导师就一星期以来的导师工作情况和班级学生情况进行全面交流，讨论下星期一主题班会内容，确定班会主题及班会程序。

第二阶段，在星期一下午第三节召开主题班会。班会主持人或是主任导师，或是导师，或是学生，完全由各班视班会需要自主决定，班会内容也由各班根据学校、班级和学生的需要灵活安排。班会形式多样，有时在室内，有时在室外，也由各班主任导师和导师根据实际需要共同研究确定，不呆板、教条。

为突出养成教育，培养学生健全的人格、优良的道德品质，"全员育人"课题组根据全员育人实用体系配套用书安排的主题，结合学校一学期的工作安排，确定了一学期主题班会的主题。这些班会主题的编排目的是解决高中生在成长过程中从思想品德、心理健康到学习方法的各种困惑，走出他们在人生发展关键期的迷惘，培养健全的人格和积极向上的心态，引领学生自主探究"我是谁""我要干什么""我到底要怎样发展"的问题，从而使学生树立正确的人生观、世界观和价值观。这是学校全员育人导师制的一大特色，它打破了以往主题班会乱而无序的现象，形成了一套完整的体系，适合高中各个阶段学生的需要和发展。

以高一上学期班会主题为例，"全员育人"课题组确定的班会主题共6个。

(1)"新生入学第一课——相逢是一首歌"。

(2)"老师告诉我——校规校纪培训"。

(3)"我会和同学合作——课堂学习合作探究习惯养成"。

(4)"我学会了记笔记——课堂学习中的记忆记录方法"。

(5)"我能养成好习惯——学习习惯和生活习惯养成"。

(6)"我有一个理想——树立目标、增强学习动力"。

围绕某一个主题，召开的班会可能并非一次，如"老师告诉我——校规校纪培训"，很显然不是一节班会能够完成的。

在主题班会预备会上，主任导师和导师结合本班实际，围绕班会主题设计课件，形成具有本班特色、能切实解决实际问题的班会课件，保证主题班会顺利召开，发挥主题班会德育阵地的作用。虽然学校要求每个班级每星期一下午都要召开一次主题班会，但如有需要，各班可以随时召开主题班会。例如，期中考试后，高一某班学生因为成绩不理想而普遍情绪低落，学习状态不佳。班主任发现了这一问题，与导师研究讨论后，及时召开了一次以"正确对待考试分数"为主题的班会，消除了班内存在的不良情绪，学生的学习积极性重新恢复到考前的良好状态。

一场别开生面的主题班会
高一(9)班　田文文

每一个星期一,都会有一场班会,等着我们去感悟。今天介绍一下我们的班会。

上课铃响了,老师进来说了一句:"今天我们主题班会讨论的是中学生是否可以带手机到学校的问题。"顿时,同学们的表达欲都被点燃了,因为带手机问题确实是值得讨论的问题。接着同学自己开始划分阵营,带与不带,就自然而然地分成两个阵营,每个阵营都表明了自己的立场。

上课5分钟后,辩论会正式开始。

我们采用接力棒的模式表达自己的观点。

下面是同意带手机的同学的观点:"我认为带手机可以帮助自己缓解心情。学习压力大时,听听音乐,看个能激起自己奋进学习的小视频,缓解一下自己的压力。"

有的同学说,手机可以帮助自己和家人沟通,有时家里人担心自己在学校里的情况,要打手机了解情况……

不同意带手机的同学的观点:"我认为带手机会影响学习,影响自己的身体健康。在上课时会因为抵制不了游戏的诱惑而导致学习时脑子里一直都是游戏,会通宵打游戏影响身心健康,更影响学习,导致学习成绩下降,荒废自己的学业。"

"有人说,要想荒废一个学生的学业,就给他一部手机,所以我不同意带手机。其实在生活中随处可见这样的情况,记得老师给我们看的一段小视频,里面讲述了一个学生,沉溺于打游戏,父母让他上学,他却不听,发生了一系列争吵,最后他说'他(指爸爸)不是我爸爸'。这个可能没有同学经历过,但我想说的是,你的视力还好吗?你的精神还好吗?你的成绩还在上游吗?"

……

双方你不让我，我不让你，反正各自有各自的道理，但不得不提一句"学校好像不让带手机"。这时下课铃响了，老师就说了几句："好，好，这个问题同学们讨论得非常好，下面老师做一些总结，我感觉在一个人的生命活动中，最不适合的就是在该奋斗的年纪里选择了沉溺游戏中。手机给我们的生活带来了极大地方便，可以帮助我们远程交流，有什么矛盾不好意思张口可以发个短信，看个新闻，帮助我们学习等。同时也带来了极大的危害，有的学生荒废学业，把父母辛苦赚的血汗钱拿去上网，但你真的觉得理所应当吗？一部手机可以危害一个小孩的童年，也可以毁你一生。那么在你青春的日子里，你好好想一想，到底选择什么。"

现在我们要为明天的自己而奋斗。因此，我们中学生不要因为要手机、打游戏而和自己最亲爱的亲友、师长吵架，同时也要合理利用好时间学习，别让手机毁了你的一生。控制好每天上网的时间，把心放在学习上，才是我们该做的。

这一次别开生面的班会让我受益匪浅。

一次受益终身的主题班会

高一(9)班　梁俊伟

班会，在我们印象中就是班主任找一个主题说一节课。但其实我们仔细体会一下这个词呢？

班会——顾名思义，一个班级在开会，一个班级不会只有班主任一个人。这次，我们班就开了一个这样的班会。班长在班级里收集班会主题，我们在下面乱作一团，各种主题如一锅大杂烩，酸的、辣的、甜的、咸的，一股脑全都上了。只见同学 A 说"讨论音乐课要不要增加"，同学 B 说"我们应该每周看一次电影"，同学 C 说"讨论高中要不要谈恋爱"……

我一开始没听清楚，搞清楚状况后说："我们确定'中学生是否能够谈恋爱'作为班会的主题。"教室里一片附和，最后班主任选择了这个主题作为班会的主题。

同学们分成了两派，一派同意谈恋爱，一派不同意谈恋爱。我选择了谈恋爱的阵营，因为我觉得有时谈一谈恋爱并不影响学习，甚至还可以帮助我们学习。

因为我比较积极，所以优先获得了发言权。

我说："我们正处在青春期发育的顶峰阶段，由于身心的迅速发育，我们有了早恋的现象，如个别约会、递纸条等，这都是正常的。哪个少女不怀春，哪个少年不钟情呢？"

听了我的话，同学们哈哈大笑。

反对派立刻有人站起来发言："谈恋爱是非常影响学习的，我知道我的一个同学在刚入高中时，成绩优异，因为与同班的一个男同学发生了倾慕之情，并很快谈上了恋爱，上课走神，下课想念，放学约会，结果不到一学期，学习成绩急剧降低，后来就厌学，不得不转学了。"

我们阵营里的男生比较多，马上有人站起来说："谈恋爱也可以促进学习，有一个男生非常仰慕一个女孩，但是那女孩学习成绩很好，男孩不好意思追她，于是发奋学习，成绩上升得很快，后来考试成绩终于可以和这个女孩不相上下了，最终男孩表白了，结果两人都考上了大学。哈哈！"

反对派的同学马上说："你那只是少数，不能否认有成功的，但是成功的是极少一部分。我们班就有一些同学整天想着讨异性同学欢心，心思不在学习上，等到将来一定会后悔的。"

有的同学说："可能男同学受的危害较小，女同学会在学习上受到很大影响。现在我们还不是谈恋爱的年龄，也没有资本谈恋爱……"

看到同学们谈论得这么激烈，班主任发言说："同学们，青春对每个人来说都很宝贵，人生的黄金时代更要珍惜。这段时光犹如明媚的春天，播下理想，洒下汗水，将来就会有收获；如你沉溺于幻想，把出于生理或情绪的一时冲动当作爱情来理解，那是极其错误的。感情不稳定，何来永恒？事业尚未稳定，何来成就？经济尚未独立，何来保障？责任不能承担，何来爱情？建立在沙丘上的高楼大厦，是永远不会牢固的。"

这堂班会课后,老师给我们写了一封信,老师的信让我们很感动,从此以后我们班很少再有同学谈恋爱。

附：主题班会之后老师写给学生的信

亲爱的同学们：

你们好！

你们的争论让我很感动,我感觉你们长大了,有了自己的爱好和追求,我真的好欣慰。那些正方的同学,我特别佩服你们,你们敢于说真话、说心里话,敢于挑战自我,敢于去尝试世间最美好的情感,敢于去认识爱情,我真的为你们高兴。那些反方的同学,你们能够认清自己要走的方向,能够辨别什么是对、什么是错,知道什么是自己真正应该做的,而且能够替父母着想,为自己负责,也让我从内心感到高兴。老师从内心深处爱你们,就像爱自己的孩子一样。

同学们,我们之所以开这个主题班会,是为了让你们认识到什么是真正的爱情。爱情,就像一棵小树,它的成长需要阳光、雨露、肥沃的土壤、精心地呵护,而这些,身为中学生的你根本给不起。因为它的经济基础不是金钱,也不是房子和车子,而是时间和精力。如果你是一个有责任感的人,不用我说,你也知道,你的时间和精力应该投资到哪里。

当别人都在奋力拼搏,你争我赶的时候,你却在那里,沉浸于情感不能自拔,你靠什么赶超别人？就算你已经有十足的把握进入心仪的大学,你能确保你不会影响到对方的人生轨迹？你能确保你给他(她)的就是他(她)想要的人生？你能确保你的父母完全同意你这样做吗？

"爱"是一个有深奥含义的字眼,不同的理解会使你选择不同的道路。我对爱的理解就是：爱一定要促进彼此的成长,要让彼此比想象的更优秀。如果因为你的这份沉甸甸的"爱",使两个人不能在合适的时间全力以赴做合适的事情,而遗憾地错过了人生应有的高度,那就是对爱的亵渎,请你收回这份假冒伪劣的爱。

爱情是美好的，但任何事都有两面性，爱情偶尔就像强心剂，会让两个人的成绩在短时间进步一下，但昙花一现是必然的，因为情绪的不稳定，心智的不成熟，最终两人都很难在学业上有好的结果。但是爱情也是脆弱的，最可怕的是，曾经的海誓山盟，很多在高三暑假就灰飞烟灭。同学们，有过很多这样的现实案例，即使你们想着向同一个方向飞，最后方向会发生变化，大部分会劳燕分飞。

如果你选择了挑战爱情，选择了爱情的甜蜜，就必须承担所有的后果，这个世界是守恒的，有得有失不是一句空话。爱情，对于一个学生来说，好像有点奢侈，你给不起，也要不起。不是因为"万恶"的高考，也不是因为中国人太多，竞争太激烈，而是因为你的肩膀还不够坚实。

如果你是一个农家孩子，其实你应该感谢高考，给你一个自我成长、自我证明的机会；如果你是一个富人家的孩子，你也应该感谢高考，高考会让你变得更加独立，从小到大，很多大事你说了不算，但从高考开始，你的人生真的开始由你做主。

同学们，你们现在坐在同一个教室里，几年不到，身份却会产生天壤之别。想想你的初中、小学同学，一定有了让你感觉奋力追赶也很难追上的人，也一定有拼尽全力也追不上你的人。大学，会将这种差距变成人生质的差别。

同学们，现在再怎么努力也不为过，再怎么拼搏也不为过。所以，你还舍得将时间和精力外流吗？现在你的精力应该放在哪里呢？如果你还没有做好准备，还没有足够的实力，请离爱情远点，请保持一个独立的人的节操。

那么，对于感情中出现的问题，我们到底怎么做呢？

同学们，同学之间应该建立起积极向上、健康发展的关系，异性交往要自然，同学关系不要因为异性因素而变得不舒服或不自然。要适度交往，异性交往的程度和方式要恰到好处，应为大多数人所接受。再者，真实坦诚，是异性交往的态度问题，要像结交同性朋友那样。在与某位异性的长期交往中，要注意把握好双方关系的程度。

同学们，青春对每个人来说都很宝贵，人生的黄金时代更要珍惜。这段时光犹如明媚的春天，播下理想，洒下汗水，将来就会有收获；如你沉溺于幻想，把出于生理或情绪的一时冲动当作爱情来理解，那是极其错误的。感情不稳定，何来永恒？事业尚未稳定，何来成就？经济尚未独立，何来保障？责任不能承担，何来爱情？建立在沙丘上的高楼大厦，是永远不会牢固的。

同学们，你想好怎么做了吗？

最爱你们的班主任

有这么一封发自肺腑的信，有这么一位爱学生，为学生着想又晓之以理、动之以情的班主任，有这样让学生发声形式多样的主题班会，我们的学生又怎么能不从心里佩服呢？

多种形式的班会既培养了学生的心理品德，让学生全面和谐发展，彰显学生的个性和特长，又能加强师生之间的交流和沟通，形成良好的班级文化氛围，让爱的阳光照射到每一个角落，何乐而不为呢？

爱的阳光哺育下的主题班会

程俊平

爱是教育永恒的话题，老师对学生的爱的方式也是多种多样的，除了对学生学习上的帮助、生活中的交流、挫折中的教育，还有通过主题班会的形式激起学生一种向上的精神，传达一种正能量，对学生进行心灵上的激发和疏导，让众多的学生通过心灵的碰撞和感悟，借助老师的启发，共同享受爱的阳光。

那么什么是主题班会？我认为主题班会是在一定的时间、一定的条件下，根据一定的需要，把一些内容列为主题，适时对学生进行教育的班会。比如，高一开学后进入新的班级，召开的以"迎新交流"为主题的班会；为了表达尊师重教的优秀文化传统，学校在开学后不久举行拜师大会，并以"传统文化中的礼仪"为主题召开的主题班会；

现在学校主张传统文化进校园，每天让学生进行晨读，读国学，背国学，并且谈学国学的感受，每天三省吾身，进行反思，所以我们也召开了"学国学，谈感受"的主题班会。还有每次考试后召开的总结交流主题班会，每一次重大节日或纪念日的传统节日风俗或纪念日的意义主题班会，学生成人仪式主题班会，青春期关于早恋的主题班会，"中学生是否可以带手机到学校"的主题班会等。通过召开多种形式的主题班会，助力学生成长，给学生爱的阳光，陶冶学生的情操，让学生心灵上受到洗礼，从而提高学生的道德修养。同时，召开主题班会还可以提高写作水平，因为在每一节主题班会的内容上，都有大量可以借鉴的材料，还有一些名人成功的事迹及做法、一些哲理深刻的小故事和语言优美且富含情趣的文章。学生们通过对这些文章的阅读，心灵得到净化。并且，在班会中让学生进行辩论、谈体会，还可以锻炼口头表达和演讲能力。所以，这样的主题班会不再是理论上的空谈，而是通过更为直观的材料起到育人心灵的效果，是对学生进行心理教育的一个重要平台。

莘县二中实行全员育人导师制，其中一项重要的内容就是召开主题班会。学校的主题班会，还可以由导师确定是否召开、召开的主题内容，也可由导师和学生共同主持召开，是要解决班级出现的问题，或者针对本班级的现实情况。例如，有一位导师在批阅一个学生的成长记录时，这个学生向导师诉说了内心的困惑。他说："老师，在这一段时间里我有点郁闷，我是班里的班干部，平时辛辛苦苦管理班级，感觉自己付出了很多，班里也取得了一些成绩，但是得不到同学的理解。因为在管理同学时总是和一些同学出现不协调的现象，有的时候还会产生重大矛盾，我的心里很不舒服，甚至老师也不理解我，我真的不愿意做这个班干部了。"看了这个学生的心里话，这位导师开始调查，他了解到该学生是班里的纪律委员，同时兼任宿管委员，班里有几个比较难管理的学生，因为他们几个平时违反纪律，班里总是被扣分，管理上确实有一定的难度。于是该导师找这个学生谈心、疏导，并且对他进行了鼓励，赞扬了他的领导能力，相信他一定能把自己的班级管理好，并把有关情况和班主任进行了交流，同时确定召开"怎样调节班干部和学生之间的关系"为主题的小型主题班会。

为了达到更好的效果，主题班会召开的形式也在不断发生变化，开始主要由老师主持制作精美的课件，寻找一些典型材料，重点由老师来主持，然后让学生谈体会。后来让学生来主持，让学生根据自己班级存在的情况或者现实中的热点问题确定主题班会内容，然后指定发言人，以主题为中心进行主讲，让其他学生发表班会之后的感受，直到达到班会目的为止。再后来我们把班会开成了辩论会，班会上学生们都积极发言，阐发自己的观点，从中受益。丰富多彩的主题班会成为学校教学内容中一道靓丽的风景线。

学校在每一次有重大活动之后都要召开一次主题班会，让学生们在班会上谈感受、写体会、畅所欲言。为了锻炼学生们的意志，2013年秋季开学不久，借助高一新生的军训成果汇报，学校决定举行100里拉练。为了办好这次拉练活动，全校各班首先举行活动前动员"挑战100里，挑战自我"的主题班会，动员全体学生积极参与，为拉练做好准备。有些平时身体不太好，或者不善于运动的学生心理上就产生了动摇，这个时候学校要求各个导师跟随自己的学生行动，要给自己的学生起表率作用。有老师带头，再召开"挑战100里，挑战自我"主题班会，就让每一个学生都信心满满，兴致盎然。在动员会上，导师要求每一个同学回来后要在《成长记录》中谈自己的感受，并且写一篇作文，谈谈自己的体会。

2013年9月13日，全校师生1500多人，浩浩荡荡，彩旗飘飘，学校"挑战100里，彰显二中精神"活动开始了。这次拉练活动是学校一次非常有意义的实践活动，对学生的教育意义非常大。活动中学生们互相帮助、互相协作，不拉班级的后腿，不给学校抹黑，沿途只留足迹，不留下任何垃圾和不文明的行为。活动要求学生和导师之间互相帮助，密切协作，所以这一次活动给学生们留下深刻的印象。回校之后的主题班会开展得特别火爆，特别成功。一个学生在班会上说道："我心里清楚，远足拉练是一项消耗体能、磨砺意志的实践活动，但我们似乎都没怎么怕。'出发'命令之后，我们斗志昂扬地出发了。一路上，我们欢声笑语，吼着并不标准的军歌，大步向前走去。我心里想，我一定要在这次实践活动中坚持到底。于是，我迈着轻盈的步子，和大部队一起，向目的地走去。到了半路，就在想要放弃的念头在我的脑海中回荡时，我想起了我的导师对我说的话：'来吧，我们拉着手一起走。'于是，我又重新打起了精神，向目标前进。当到达终点走进马西林场的那一刻，我对着蓝天微笑了一下。那一刻，我仿佛生出了信心……回来的路上，我的腿灌了铅般的沉重，又酸又痛。和大家一样，我咬紧牙关，唯一的想法就是不能放弃。只有坚持才能成功，不经风雨，怎能见彩虹！正是在这种信念的鼓舞下，我一直向前走去。同班的同学看到我快坚持不住了，伸出了双手，搀扶着我前行。此时，我感受到了友爱，这种友爱的力量在不断支撑着我，陪伴我向前进。当踏入校门的那一刻，我感觉自己好伟大！"还有一个学生在主题班会上读自己的感受，很多学生都感动得流泪。那个学生说："新的一天，新的挑战，我们怀着既激动又兴奋的心情来迎接这次前所未有的挑战。在此之前，我们都已经做好充分的心理准备，树立了克服一切困难、坚持到底的信念，正是在这种信念的激励下，我们在出发之前才不会那么狼狈，那么没自信。自信的人之所以自信，是因为他们能够正确地认识自己，即使自己做不到，他们也会以自己独特的方式来激励自己。我想对那些不敢正确面对自己，还在怀疑自己的人说，人的潜力是无穷无尽的，只要你勇于开发自己的潜能，那么你将会势不可挡。如果你能拿出'乘风破浪会有时，直挂云帆济沧海'的精神，还有什么能阻挡你呢？我们的学习也是如此，也需要这种精神。我们需要时刻准备着，时刻准备着面对人生的挫折和磨炼。磨炼是学习中的一大笔宝贵财富，磨炼自己，重塑自我，使人生的价值得到最大的体现。如果说学习是一部戏，那么磨炼就是这部戏的灵魂所在。只有磨炼，才会催人上进，才会让我们的学习生活不缺少应有的色彩。

  这次拉练之旅，我对此感受颇深。这次所走的就好比人生之路，无论是弯是直，是宽是窄，最重要的是走路人的心态。好的心态是一个人成功的关键，心态决定一切。无论是学习还是生活，我们都要过得精彩，要不枉来这人世间走一遭。我相信这次的'魔鬼之旅'一定是我人生当中一大笔宝贵的精神财富，一定会成为我学习和生活的动力。路，一直都在，永远都没有变过。其实，我的人生里，坚持就像一条让我通向未来的一条路，尽管有时候会突然'放手'，但这也是教会我成长，让我越挫越勇，以后还会有更多的路等着我们去挑战。"这个同学慷慨激昂的演说让这次拉练汇报主题班会达到了高潮。

现在我们学校的国学教育已经进行得如火如荼，其实国学教育进入课堂已经很长时间了。从2011年开始的时候晚自习前听《弟子规》《三字经》的电视讲解，并背诵，到后来听《于丹讲〈论语〉》《百家讲坛》再到现在晨读读《大学》，学校的国学教育在不断发展。早晨，朗朗的读书声不断传来："大学之道，在明明德，在亲民，在止于至善。知止而后有定，定而后能静，静而后能安，安而后能虑，虑而后能得。物有本末，事有终始。知所先后，则近道矣。古之欲明明德于天下者，先治其国。欲治其国者，先齐其家。欲齐其家者，先修其身。欲修其身者，先正其心。欲正其心者，先诚其意……"这简短的话语，对我们今天的学生有着深刻的、特殊的意义，尤其是对学生的品格和道德的教育。《大学》作为《四书》之首，是儒学重要的思想载体，如提出的"诚意正心"是必备的科研心态，"格物致知"是认知的唯一途径，"止于至善"是追求臻美境界，"日日新"是强烈的创新意识。"物有本末，事有终始"，认知到事物发展的先和后。诚信思想更是对当代探讨诚信缺失的社会根源等具有比较现实的意义。《大学》还强调学习者自身道德修养的提高，强调对社会的关心和参与精神，对形成良好的社会风气与促进社会发展都具有积极意义。所以我们现在非常注重《大学》的诵读，而且这个诵读不是一般的诵读，而是以国学的方式有节奏、抑扬顿挫地唱读。正是基于对国学的重视，学校进行了隆重的拜师仪式，并且用拜师的方式开始每节课。针对国学进课堂的现象，我们召开了以此为内容的主题班会，讨论国学对我们身边学生行为的影响。

《成长记录》——记录学生的点滴成长

　　记录下学生成长的点点滴滴的《成长记录》是莘县二中的又一特色,《成长记录》是"全员育人"课题组编制的"全员育人"实用体系配套用书。为培养学生健康的人格,促进学生身心全面健康发展,"全员育人"课题组在编制《成长记录》时,按照每三周一个主题的方式,结合每个学段学生的成长特点和学习任务,把每个学期的《成长记录》都设计成 8 个主题,分为 3 个系列:高一"起跑线",高二"成长线",高三"冲刺线"。每个系列又分为学生用书和导师用书。

　　以高一年级的《成长记录》为例,高一年级学生用书是《精心塑造我自己·起跑线》。每天晚上最后一节自习课的后 20 分钟,学生填写《成长记录》。《成长记录》设计了"反思今日 收获人生""设计明天 赢取未来""点滴积累 成就梦想""多元评价 助我成长""金玉良言 水滴石穿(导师对我说)""小故事 大道理""我的本周成长评价"和"下周成长目标"等栏目。

　　"反思今日 收获人生"栏目要求学生对照"设计明天 赢取未来"一栏里的各项计划,逐一核对,看看哪些计划完成了,哪些没有完成,没有完成的原因是什么,还存在哪些问题,明天的学习应该注意什么问题。

　　"设计明天 赢取未来"分为两部分,第一部分填写每天(每星期上五天课,星期六、星期日的学习计划不写在《成长记录》上)的学习计划,要具体到每个时间点做什么,比如,"晚上 6:00—6:30 背诵、默写古诗两首";第二部分填写思想、品德等方面的成长目标,比如,"今天做一件好事"。

　　"点滴积累 成就梦想"栏目要求学生为自己的进步、收获、成长留下印迹,同时与导师分享自己成长的快乐。"我的本周成长评价""下周成长目标"两个栏目在星期五晚上填写。"我的本周成长评价"是学生为自己一周的表现做的总结、反思,并据此填写好"下周成长目标",为下一周的学习做好总体计划。

　　"多元评价 助我成长"包含自我评价和导师评价,总体评价学生一天的表现，激励学生不断成长。

"金玉良言 水滴石穿（导师对我说）"栏目由导师在星期三、星期五填写。导师填写时，根据发现的问题和学生的表现，对学生的进步提出表扬，对学生学习、心理、习惯等方面存在的问题提出改进的建议。学校要求导师在填写《成长记录》时多用激励性语言，多表扬、少批评，多鼓劲、不泄气，多说优、不揭短，每天都让学生看到导师对自己的肯定，看到自己的成长和进步，不断增强自信心。

"小故事 大道理"栏目精选了一些启发思维、引导成长的故事，让学生在阅读中有所思考和收获，培养学生认识问题、思考问题和解决问题的能力，增长学生的智慧。

为了引导学生在寒暑假期间在家也能自觉注意良好习惯的培养，"全员育人"课题组专门编写了适合学生在寒暑假期间利用的《成长记录》。以寒假期间的《成长记录》为例，根据假期实际，第一周安排的主题是"慎独"，引导学生学会独处，耐得住假期的寂寞；第二周要过春节，安排的主题是"期待中的团圆"，让学生了解中国春节习俗，感受浓浓亲情；第三周是"盘点我的××年"和"展望未来，我无所畏惧"，让学生为一年来的学习、生活各方面做好总结，也为新一年的学习、生活做好规划和心理准备；第四周主题是"整理行囊，准备开学"，让学生为新学期做好心理和物质上的准备。寒假开学后学生把《成长记录》交给导师，导师在阅读后对学生在寒假期间的表现进行评价，在《成长记录》的最后一页上写出评语。《成长记录》的填写有助于学生更好地规划自己的高中生活，也能够为学生综合素质评价的填报提供参考，进而为高校招生时考查学生综合素质提供重要依据。

《成长记录》的填写与批阅为导师和学生提供了一个相互交流、心灵沟通的桥梁，它让导师对学生的了解更加全面，让学生把自己的心里话告诉导师，把自己存在的问题提出来，寻求导师的帮助，解决学习、生活中的问题，特别是心理方面的问题，从而以更加积极、健康的心态投入到学习中去。

《成长记录》给学生带来的成长是师生和家长都可以感受到的。下面是一个家长写给老师的感谢信，摘录如下。

尊敬的×老师：

您好！我是您的学生小皓的家长，给您写这封信，让小皓带给您，而不是采用电话的形式跟您交流，是因为上周我的声带刚刚做了手术，一段时间没法说话，请您原谅。

前几天您打来了电话，问小皓在家里的表现。那时我刚刚做完手术，不能跟您说话，是小皓的妈妈接的电话。她没什么文化，只能简单地告诉您孩子在家里表现很好，其他的都没有说清楚。所以我今天写这封信再次跟您说一说小皓在家里的表现，并向您和所有的老师表示感谢。

您知道，我们家是农村的，家里只有小皓一个孩子。我们夫妻俩也没有什么文化，在教育孩子方面实在没有什么办法，只能靠他自己。加上我们夫妻俩常年在外打工，小皓一般是跟着他爷爷和奶奶，他爷爷奶奶又特别疼爱他，一直惯着长大，使他养成了不少坏毛病，从小调皮捣蛋，不好好学习。并且农村学校教学质量比不上城里的初中，小皓的学习成绩一直不好。

说句实话，我们夫妻俩让他上高中，没想着让他考什么大学，就是想着让他在学校待上三年，回来后跟我去外面打工，然后娶个媳妇，我就算完成任务了。没想到还是你们有办法，到了莘县二中几个月的时间，小皓就像换了个人似的。他妈前几天就跟我说："你看咱家的小皓，怎么变了这么多啊。"以前在家里他是什么活也不会帮着干的，他爷爷奶奶也说，这孩子就一个好处——能吃。

老师，现在小皓变得可懂事了，每次过周末，他回家后就帮着他爷爷奶奶干活，干完活就看书。他从小就不爱看书，坐不住。现在有时候学习起来，我们叫他吃饭，催得紧了，他还不高兴呢。

原先，他从来不自己洗衣服，都是他奶奶帮他洗，还嫌弃，前几天他爷爷夸他帮着他奶奶洗衣服呢。过周末的时候，他还要给他爷爷奶奶洗脚，说这是学校要求做的，要孝敬父母和老人。他还拿出一本书让他爷爷看，说是《成长记录》。《成长记录》上有一篇文章，他还读给爷爷奶奶听了。我没在家，不知道是什么文章。老师，是什么文章啊，对孩子这么管用？这可把他爷爷奶奶高兴坏了，见人就夸小皓懂事了，说没有白疼他。

以前，小皓喜欢看手机，玩游戏。自从到了莘县二中，他说学校不让带手机，回家也不玩手机了。就是玩手机，也是戴着耳机边听歌边看书。从现在的情形来看，小皓的学习有了一定进步，说不定三年之后还真能考上大学呢，到时候我要好好谢谢咱们二中老师。

小皓在学校学习，就多劳老师您操心。拿他当自己的孩子，犯了错，该骂就骂，该打就打，不要紧。

很长时间没写字，字写得歪三扭四的，还有好多字不会写，就不多说了，再次感谢老师您对小皓的帮助，我们全力支持学校的教育教学工作。我病好了，再到学校见见您和其他老师，到时候再说话。

　　　此致

敬礼

小皓的家长　×××

《成长记录》给孩子带来改变的同时，还架起了师生沟通的桥梁。下面摘录两篇老师写的感悟。

用心灵唤醒心灵
——《成长记录》帮助我走进学生的内心世界
导师　武晓琳

有时候感觉高中生活距离我很远，远到陈芝麻烂谷子的事情都想不起来了，因为已经毕业太多年又没有留下什么痕迹；而有时候又感觉高中生活距离我很近，近到我伸伸手就可以碰到，因为现在每天都和这些孩子们一起，批阅他们的《成长记录》，感受他们高中生活的喜怒哀乐。

我当老师的时间并不长，满打满算才刚刚一年，可这短短的一年留给我的却是满满的收获。初来学校教书，其实我内心也有一种恐惧感，我也在担心自己能不能和这些孩子们友好相处，能不能走进他们的世界，倾听到他们内心的声音，毕竟我离高中生活已经很久了。

在读研的时候，我们与导师关系非常亲密，在莘县二中工作后才知道，这里的学生竟然也有自己的导师。所以刚刚做了老师的我，便立刻成了十几个孩子的导师。在与这些孩子们的交往过程中，我发现贴近孩子们最好的办法就是读他们的《成长记录》，和他们在《成长记录》中用文字交流想法。

其实，一开始利用《成长记录》和学生交流并不顺利，因为并不是每个孩子都会明白《成长记录》的意义。有些孩子只会在上面写"今天我过得很好，期待明天我会过得更好"，每天都在重复这样的话。我知道，这些孩子并没有真的向我敞开心扉，我们之间还有隔膜。面对这样的问题，我该怎么办？我常常思索这个问题。我想，人与人之间的交往贵在真诚，如果我用真心与他们交流，孩子也一定会用真心回应我，接纳我。于是在批阅《成长记录》时我就会问问他们："为什么过得很好？有什么趣事发生吗？老师很想分享你的快乐。"有时也会在学生的《成长记录》上与学生分享自己的小事情。一次次的真心回应，一次次的真情呼唤，孩子们的《成长记录》终于有了大的变化：他们真正地接纳了他们的导师，开始用他们的真情回应我的呼唤。虽然大多数时候是简短的几句话，但因为是他们真实的思想、真实的生活，在批阅这些心灵的倾诉时，我依然甜到了心窝里——我觉得通过批阅《成长记录》，我赢得了学生的喜爱，并走进了他们的内心世界，洞见了少男少女美丽的忧伤和轻浅的快乐。

现在这些孩子还不知道这些陪伴他们的小本子的意义，它虽然只是记录平凡生活中的喜怒哀乐，但承载的却是高中满满的回忆。多年以后的他们，不会像我，感觉高中生活除了学习就只剩下一张白纸。若干年后，当他们打开这本《成长记录》时，现在多姿多彩的生活就会活灵活现地再现在他们面前。

通过《成长记录》，我与学生消除了师生间常有的隔阂，教育工作更加便利，也使我的教育教学水平不断提升。今年我又带了高一的新生，这些孩子们也都很棒，我依旧很用心地去读他们的《成长记录》，感受他们每天的新变化。有一次，有孩子在《成长记录》里写道："从初中到高中，感觉自己成长了不少，可是有些陈年老疾总也治不好。"我明白他自己知道哪里做得不好，但没有尽全力去改变，于是我给他回复："与其找一千个理由逃避问题，不如实实在在地用行动来证明自己。"第二天，他的《成长记录》上写着："老师，我已经向你指引的方向去努力了，但努力是需要时间的。"孩子的真心倾诉使我突然间意识到，是不是自己平时给他的压力太大了，也许我应该放慢些脚步，等等他进步的效果。于是在当天的《成长记录》中我写道："目标在远方，路就在脚下。我愿在这里静待，静待你开花的灿烂。"半个学期以来，这个孩子学习一直很努力，期中考试时他进步较大，而且总成绩达到了668.2分，远超他的中考成绩524分。这是属于他的进步，可我也和他一起开心，仿佛是我进步了一样，内心甜滋滋的。

《成长记录》记下了学生的成长，也记下了我的快乐。在这里我用真情呼唤真情，用心灵去唤醒心灵。每一次心灵碰撞闪现的小火花，都是我作为老师的一份快乐。

与你一起成长

导师　刘彦伟

一转眼从师已十年有余，来高中不知不觉也已经七年，听说人体的细胞平均七年会完成一次整体的新陈代谢，可是这七年对于我来说，代谢掉的是陈旧的思想，取而代之的是一个更加充满生机与活力的自我。这是一场奇妙的旅程，沿途不停地有人上车有人下车，但我一直跟一群十六七岁的孩子在一起欣赏不同的风景，让我永葆年轻的心态，跟他们一起快乐地成长。

"三人行则必有我师"，身为专门从事老师这个职业的人，自然是知道这个道理的，可是天天跟学生在一起打交道之后才发现，学生中间才是藏龙卧虎，从这些"小老师"身上能学到好多东西。

刚来高中上班的时候，有一个学生喜欢在《成长记录》上写一些文言文段落让我批改。说实话，他一开始写的确实让我很难回复，充其量也就是白话当中夹杂着一些"之乎者也"之类的词语。好在我大致能猜出他想表达的意思，在他的《成长记录》上洋洋洒洒地写下很多"言不由衷"赞美的文字。没想到的是，第二天早晨我一来到办公室就发现他已经在那里等我很久了。还没等我坐下，那个学生就兴高采烈地对我说："老师，我写的文章你看了，对吧？老师你真的觉得我写得不错吗？""是啊，非常好，这是个很好的习惯，你能学以致用这一点非常值得鼓励！"我仍旧给了他肯定，他亲耳听到我的话，羞赧地跑走了，接下来我在班里又重点表扬了他。不出我所料，之后他每天的《成长记录》上都是有一段自创的文言文，他从一开始的牵强附会到后来的文不加点，我从一开始的苦不堪言到后来的叹为观止。

后来我又专门找那个学生谈话，"请教"他文言文写作突飞猛进的妙招。他说他只是因为热爱，所以课下读了很多诸如四书五经、《史记》等之类的经典书籍，别人玩的时候他在读书，别人睡觉的时候他在读书，别人过周末的时候他还在读书。我惊讶于他的努力，青出于蓝而胜于蓝。反观自己，又何曾有学生这样的毅力，又何曾有定力广泛阅读专业教学所需要的书？书海浩瀚，我若能撷取其中的一瓢，潜心攻读，也不至于常常惴惴哪天在课堂上贻笑大方了。

冉冉是《成长记录》写得最工整的学生，她每天都在《成长记录》上畅言自己的收获，向我倾吐自己的喜怒哀乐。每天读她的《成长记录》竟然成了我的一种期待，一种享受，一种习惯。时间长了我才知道她生活在单亲家庭，年老体弱的父亲一人负担她和弟弟的生活，懂事的冉冉在家里俨然就是一个小大人，刷锅、做饭、洗碗，样样不在话下。自从我知道了这种情况，就心生怜悯，怕她会因此而有心理负担，于是在《成长记录》写了一些鼓励性的话。没想到的是，冉冉比我想的要乐观，她对自己的生活不仅没有抱怨，反而觉得骄傲。因为与同龄人相比，她会的别人不一定会，而且自己还有能力照顾父亲和弟弟。在学习上她也是不甘人后，上课积极发言，课下认真学习。用她的话说就是："我没有时间去抱怨，我要做的事还多着呢。"

冉冉带给我许多的感动，也让我学到了很多东西，我打心眼里佩服这样乐观坚强的孩子。在生活上，我比冉冉幸运得多，父母康健、生活无忧，可是在克服困难上我可能不及她的十分之一。面对困难，我可能会退缩；面对枯燥的工作，我可能会懈怠；面对别人异样的眼光，我更有可能会畏惧。是冉冉教会了我如何坦然面对生活，如何让自己生活得多姿多彩，如何在这纷繁的社会保持淡然的心。

金无足赤，人无完人。每一个学生都不是完美的，我们要做的不是拿着放大镜去找他们身上的瑕疵，而是要用心去发现他们身上的闪光点、过人之处。教学相长，我在三尺讲台，你在讲台之下，我传授给你知识，你教给我如何生活。

流逝的是岁月，留住的是感动。

《成长记录》不仅便于导师了解学生走进学生内心，更帮助学生记录下成长的足迹，成为更好的自己。下面摘录部分学生的感悟。

成长·蜕变

高二(3)班　陈颖竹

金蝉蜕皮后拥有了天使的翅膀，银蛇蜕皮后离化龙更近了一步，在高中生活里，我经历过一次次蜕变之后成为今天的阳光女孩。

从初中到高中，从少年到青年，青春期的困惑与迷茫，学业的起起伏伏相伴而来，让我措手不及。面对新环境、新同学、新课程，我心里阴云密布，有一段时间迷失了自己，迷失了人生的方向。幸好我走进的是莘县二中，幸好这里每个学生都有自己的导师，幸好我与导师间有交流的桥梁——《成长记录》。通过《成长记录》，我获得了导师各方面的指导，完成了一次又一次的蜕变。

初中时期的我性格内向，沉默寡言，不愿与他人交流，遇到不开心的事，喜欢把它深藏心底，直到它自己发酵、腐烂，自然消失。而这些消失了的不开心却留下了化不开的阴影，让我自卑，让我自惭形秽。

幸好我遇到了我的导师姬晓新老师，通过《成长记录》，我将自己内心所有的负面情绪发泄了出来。没想到，我每一次的倾诉都得到了姬老师的悉心指导与帮助，在与姬老师的不断交流中，我们形成了亦师亦友的关系。有一次，我因为心情不好，上课时无法专注听讲，被老师发现并受到了惩罚，当天我就将自己的所有不满发泄到了《成长记录》中。第二天早晨，姬老师就找到我，详细询问了我事情的前因后果，并耐心地做我的思想工作。她告诉我："每个人都要为自己的行为负责，其他所有人都不能替他分担责任。既然自己犯了错误，接受相应的惩罚就是应该的。"她还把这句话写在了"导师寄语"中，要我时时警醒自己。现在，虽然姬老师不再担任我的导师，可每次看到她写的这几句话，我就意识到今天的我应该为明天的我负责。

转眼之间，我在莘县二中已经一年半的时间了。在这一年半里，《成长记录》记下了我学生生活的点点滴滴，记录了我的整个成长历程和其中的喜怒哀乐。我现在是高二学生，每当翻看高一所写的《成长记录》时，我都会忍俊不禁，为当时的幼稚；也会庆幸，庆幸自己没有在最容易迷失自我的时候失去自己。有一次，母亲看了我的《成长记录》，她只说了几个字："我的天，这是我的女儿吗？"后来母亲才告诉我，她没有想到，短短的一年时间，曾经让她无比担心的女儿有了这么大的变化。

对于我而言，《成长记录》帮助我走过了青春期的困惑与迷茫，在导师的指引之下，我没有迷失在青春的迷雾里，而是摆脱了心中的阴霾和沉重的负担，以开朗、乐观的心态去面对高中生活，以负责的态度去面对人生今后更长的路。所以，现在我每天都认真地填写《成长记录》，填写自己的生活与学习，填写学习的收获，填写生活的精彩，填写人生的一点感悟。

感谢有你，在你的帮助之下，我完成了一次次的蜕变；感谢有你，让我在成长的道路上不再无助。

自省，助我成长

高一(2)班　张雪峰

曾子曰："吾日三省吾身，为人谋而不忠乎？与朋友交而不信乎？传不习乎？"记得最早读到这句话时，我心里还暗暗发笑，古人就是迂腐，谁有时间这么反省自己呢？因为我就是这样一个粗枝大叶的人，从不喜欢去反思已经过去的事，我觉得只要能抓住现在，就会拥有未来。所以在上高中以前，我每天都忙得天昏地暗的，为了中考，我拼命地学习。

可是，命运给我开了一个大大的玩笑，我满怀自信地报考了县重点高中，成绩出来后竟然与录取线相差甚远。那一段时间，我对自己真的丧失了信心——我付出了不比别人少甚至更多的努力，却一无所获，这个结果只能证明我智商太低。

在父母的劝说和威逼之下，我灰溜溜地来到了一所县里最普通的高中——莘县第二中学学习。在入学之前，我就做好了打算，反正自己无论怎么努力都是一个废物，倒不如快快乐乐地在这里混些日子，之后再随村里的人去外面打工。这些打工的人不也都过得很好吗？

真的，如果不是在这里遇到了我的导师和他送给我的《成长记录》，也许我真的会混下去。记得导师给自己的学生培训《成长记录》时，就详细地介绍了《成长记录》的功用与填写方法，并要求我们每天认真填写每一项内容。

我从没有见过这样的《成长记录》，更没有做过《成长记录》上要求做的事，所以一开始我只是为了完成导师交给的任务，每天都按时填写而已。不过，通过填写《成长记录》，我渐渐发现了自己身上的优点，比如，我吃得苦，做事认真；也发现了许多的不足，就像我不喜欢对学习进行分析总结，只是学习学习，做题做题。而《成长记录》就要求我每天用20分钟的时间去总结、反思一天的学习情况，当然也包括这一天所做的其他事情。在学习反思中我发现了每天我学会了多少，还有多少没有学会。知道了自己的不足，我就可以在第二天抽出时间再进行二次学习与补救。就这样，开学后的第一个月在新奇的反思中过去。没想到的是，在这个月的考试中，我成绩提高很多。

经过这一次检测性考试，自信又重回到我的身上。因为我发现我还是可以学好的，还是可以考一个好成绩的。我也知道了自己中考失利的原因，不是因为我的智商不如人，而是因为我不会自我总结与反思，无法发现自己的长处与不足，没有学会的东西未能及时得到补救。

现在，我每天都按照《成长记录》的要求认真做自我总结与反思，不仅反思自己学习上的情况，也对自己一天生活的各个方面进行全面的反省。在反省中我找到了自己身上更多的优点，也找到了许多的不足。孔子说："见贤思齐焉，见不贤而内自省也。"发现了自己的不足，我就努力向别人学习，不断提高自身的素质，我与同学的关系越来越好，老师也特别喜欢我。在期中考试后的表彰大会上，我作为学生代表做了发言，我发言的题目就是"每天的反思，助我更好地成长"。

《成长记录》，让我阳光灿烂的地方
高二（3）班　刘慧芳

我是一个心思细腻的女孩，和大多数青春期的孩子一样，敏感而脆弱。虽然心中有太多的秘密，让我忧郁和苦闷，但是我只愿意把它们深深埋藏在心底，不想让不关心我的人发现它们的存在和我的脆弱。虽然我也会把这些写在日记里，但是每当再写日记的时候，忧郁和苦闷依然如潮水般淹没心房的每一个角落。日记中的倾诉只是将我心中的阴霾从左边移到了右边。

在这个时候，我遇见了《成长记录》——莘县二中特有的育人工具。第一次填写它，我只是抱着好玩的心态，将自己的想法掩盖起来，只说了一些不着边际的话。没有想到的是，我的导师真地认真批阅了我的《成长记录》，在《成长记录》中的"金玉良言　水滴石穿（导师对我说）"栏中写道："慧芳，每个女孩的内心都有一处秘密花园，作为你的导师，我也是从少女时代走过来的，知道你不会轻易向我敞开心扉。但我相信，有一天我会从你的《成长记录》中遇到最真实的你，并与你成为最知心的朋友。"

从此，老师在我心目中的形象开始发生改变，由以前的高高在上，逐渐来到了我的面前。不久，我开始将心中的各种秘密和成长的

困惑借《成长记录》向导师透露。每一次的倾诉，我都得到了老师的回应与指导，有《成长记录》中的交流，也有私下的畅聊。我心中的阴霾因为有了出口而得以消退；心灵之窗打开，也让导师的阳光照进了我的心房。

高一时的一件事至今让我念念不忘。有一段时间，我的心情极度抑郁，因为我与一个好朋友闹了点矛盾。原因现在看起来很简单，因为她与她的同桌似乎成了更要好的朋友，我感觉到自己被她冷落，心理失去了平衡，总认为这个朋友对我不忠诚。于是在填写《成长记录》的时候，我将心中对她的怨怼尽情地加以宣泄，我知道，我的导师一定会为我保守秘密，也一定会为我鸣不平。

《成长记录》送去又发下来，我迫不及待地打开，想看一看导师是怎样为我鸣不平的。可是，导师的回复令我震惊，现在我依然记得老师的话，因为我将它认认真真地抄写在了一张纸上并贴在我的书桌上。那段话是这样的。

小芳：

人之所以为人，是因为他的社会性，正是他与其他人形成了各种各样的关系，这个人的意义与价值才得以体现，所以你的朋友结交新朋友无可非议；人的心应该是开放的，既允许别人进来，也要允许不合适的人出去，这样留下的朋友才是最好的朋友。并且朋友要越交越多，而不是只局限于一个或几个。

从导师的话中，我认识到了自己的狭隘，认识到怎样对待他人与朋友，当我以平和的心态重新审视我与朋友的关系时，我发现，她还在我的身边，依然是我最好的朋友之一，直到现在。

有了《成长记录》，我的心灵找到了一个倾诉的地方，这个地方的阳光让我成了一个温暖的女孩。

我的青春不再叛逆

高二(6)班 史玉海

都说十五六岁的孩子都叛逆，这是真的。自八年级下学期，原本学习刻苦认真、成绩还很不错的我迷上了一款游戏。迷上游戏的原因很简单，几个平时玩得不错的同学偶然领我去了一次网吧，从此我便成了他们战队的一员，每天不打上几局游戏，心里就总是感觉空落落的。

原来我家里是没有电脑的，父母都因为工作太忙，没有时间上网。我迷上游戏之后，就骗父母说，人家同学都有电脑，就我没有，想从电脑上查个资料也没有办法，要父母给我买了一台。开始的一段时间，我还是偷偷去玩。父母在的时候，就假装利用电脑学习；父母一转身，我就开始在网上"打打杀杀"。后来我便公开地玩起了游戏，虽然父母多次批评我，但我无法控制自己对网络游戏的迷恋，并且对父母的劝说越来越反感。因为我觉得我已经长大，我的人生我做主，我想怎么样就该怎么样。

我因为迷恋上游戏，学习当然就没有了心思，学习成绩也一落千丈。进入九年级上学期，我仍然痴迷于游戏，当和父母无数次争吵之后，愤怒的爸爸砸碎了电脑，第一次将我结结实实地收拾了一顿。那次我离家出走，半个月的时间里我吃住在网吧。这次风波过去后，我就辍学在家，父母找来了很多人劝我回学校上学，但我觉得这些人都是闲得无聊，是故意和我过不去。后来实在无聊，才隔三岔五地到学校转上一圈。原来很喜欢我的班主任也在我多次顶撞之后任我自生自灭，整个九年级我就是在任性、胡闹中这样度过的。

中考结束之后，想逃离家的管束的我去了外地打工，因为自由散漫，不久我就被老板给撵了回来。我想，当时在所有认识我的人眼中，我就是一个无可救药的问题少年。现在回头看一看那段荒唐的过去，我真的庆幸我的人生在高中有了改变的契机。

来到莘县二中后，我当然还是那个内心很叛逆的问题少年。军训不参加，学校其他集体活动也与我无关。想上课上就上，想听就听。

短短的一个月，我因违犯学校纪律被叫了三次家长，更因为不服从老师的管理，辱骂老师，受到了学校留校察看的处分。

有一天晚自习的时间，无聊的我第一次拿过来导师开学之初送的《成长记录》填写起来，我将自己对家长的不满全都倾吐在了《成长记录》上，一次写了好几天的篇幅。我原本认为导师是不会认真阅读这些东西的，写出来只是让我自己痛快一下的。没有想到的是，第二天《成长记录》发下来之后，我的导师张老师并没有责备我对父母的不满，只是写了这么几句话："青春期里谁不叛逆？你只是处在叛逆时期，没有什么的。我相信世上没有比你爸妈更爱你的人；更相信你能够很快度过叛逆的阶段，重新找回人生的光明之路。"

习惯了别人指责的我第一次被这云淡风轻的话所打动，我第一次知道了叛逆期，第一次感受到了平等相待的温暖。从此之后，我虽然还是不怎么学习，还是那样的自由散漫，但我有了一件认真去做的事，那就是每天填写《成长记录》，每天阅读导师的寄语。在看似平淡的寄语里，我感受到的却是老师真诚相待的温暖和自己受到重视的感动。渐渐地，我不再满腹怨气，不再认为全世界都与我为敌。

一段时间后，我与爸妈的关系也恢复了正常，心中再也没有了对他们的不满，我不再与他们争吵，因为导师告诉我"百善孝为先"。在学习上，我觉得我的导师对我好，所以我不能给他丢脸，不能拖他导师组量化评价的后腿。我重新打开课本，开始了认真听课。我这样做，并没有希望得到导师的表扬，可是每当我有一点进步之后，我都能从《成长记录》里收到导师及时的表扬。

我从书上知道有一种效应叫"破窗效应"，不知道我的过去是不是符合这个效应。但是，我可以肯定，在与导师的交流之中，在《成长记录》的帮助之下，我打破了这个效应。

今天学校就《成长记录》在学生成长过程中的作用进行调查，我就将我的故事写了出来。无论这本《成长记录》对其他同学有什么作用，我都要感谢这本记录。通过它，我找到了我人生的导师；借助它，我战胜了青春期的叛逆，从此我的人生与以前大不相同。

结　语

教育的起点是人的生命，教育的最终目的是让每一个生命健康成长。学校不仅仅是传授知识的地方，更是为学生的生命成长寻找开启智慧的钥匙。素质教育是爱的教育，更是对生命的尊重，是新时代背景下，新思想、新技术、新业态对人才培养的需要。

正如蒙田所说，"教育不是为了适应外界，而是为了丰富自己的内心"，莘县二中在素质教育之路上进行多维度的探索与实践，提高了学生的思想境界，更关注学生心灵的成长，让学生在各种活动中感受爱、享受美、增长智慧。让学生在学习中更懂得与人合作，学会沟通与宽容。在各个平台上给学生展示的机会，促进了学生个性特长的发展，培养了学生的综合素质，营造了充满活力的校园文化氛围，提高了学生的思想文化水平，滋养了学生的心灵。

一分耕耘，一分收获，莘县二中在领导班子的带领下，经过不断地努力和辛勤地付出，近年来先后获得以下荣誉。

2012年、2013年，连续两年荣获市级"德育工作"先进集体。

2013年，"一五三"教学课堂模式获山东省教学研究优秀成果一等奖，莘县二中获国家"一二五"规划重点单位。

2014年，莘县二中"普通高中'全员育人导师制'"获山东省首届特色课程评选一等奖、山东省基础教育教学成果三等奖。

2015年2月被山东省心理健康教育科学研究会授予山东省心理健康教育"先进单位"。

2016年、2017年，连续两年被聊城市教育局评为"聊城市教学质量提升先进单位"。

2016年12月，成为聊城市重大攻关科研课题星级学校。

2017年1月，被微课程资源共建共享联盟评为"个性化教学先行校"称号。

2017年2月27日，莘县二中正式成为东联·书生学校联盟特色校。

2017年5月10日，莘县二中校长周西政参加"LINK2017在线教育论坛"并荣获"教育部在线教育研究中心教育信息化优秀个人奖"。

2017年7月，莘县二中被山东省教育厅授予"山东省教育信息化试点学校"。

2012年，莘县二中"学生电视台"获得"中国百佳校园电视台"称号，其所制作的专题节目《二中学生的一天》，获得了"国家校园电视节目金奖"。

这本书已接近尾声，可莘县二中对教育的神圣使命、对教育创新的探索不会结束，把莘县二中建设成一所社会认可、学生向往的学校的行动不会结束。我们将继续秉承莘县二中精神，不断探索创新，一直走在教育教学改革的前列……

本书能够顺利完成，得到了山东四维教育的同人和学校老师们的大力支持，在此感谢他们的辛勤付出。除了编委成员之外，还有很多老师为本书提供了案例，在此致谢：刘爱霞，贾震，李爱玉，孟文强，张翠兰，张灵芝，武晓琳，刘彦伟，李金鹏，张玉娇。

参考文献

1. 季羡林. 传统文化之美[M]. 北京：电子工业出版社，2015.

2. 周西政. 为每一个学生提供适合的教育[M]. 长春：吉林大学出版社，2015.

3. 朱永新. 新教育[M]. 桂林：漓江出版社，2014.

4. [美]简·尼尔森，琳·洛特，斯蒂芬·格伦. 正面管教 A－Z[M]. 北京：北京联合出版公司，2013.

5. [英]郝伯特·斯宾塞. 斯宾塞的快乐教育[M]. 北京：中国妇女出版社，2015.

6. 王觉仁. 王阳明心学[M]. 北京：民主与建设出版社，2017.

7. 韦志中. 学校心理学[M]. 北京：清华大学出版社，2016.

8. 林崇德. 教育的智慧[M]. 北京：开明出版社，1999.

9. 陶行知. 陶行知文集[M]. 南京：江苏教育出版社，2016.

10. 展国培. 有效教学，从关注学生开始[J]. 中小学数学，2013(1－2).

11. 张謇. 论严格教育旨题书[M]//曹从坡，杨桐. 张謇全集：第四卷. 南京：江苏古籍出版社，1994.

后　记
为了不辜负

　　台湾作家张晓风有一次送儿子去学校，当儿子与她告别后，她看着儿子走进校园的背影渐行渐远，感慨万千。回到家里，写下了一篇散文《我交给你们一个孩子》，其中有这么一段话："今天清晨，我交给你一个欢欣诚实又颖悟的小男孩，多年以后，你将还我一个怎样的青年？"

　　作为教育工作者，我也常常思考这个问题，家长把孩子交给学校，多年以后我们将还给家长、还给社会一个怎样的青年呢？

　　思考这个问题的时候，我想起了我的母亲，想起了当年的自己。我出生在一个贫穷的农民家庭，父母都是地道的农民，他们没有多少文化。我有一个姐姐、两个弟弟，家里四个孩子只有我学习最好，母亲虽然没有文化却很支持我学习。我上初中以后，学习上遇到很多困难，再加上家里的经济条件不好，我很想放弃学习，像其他人一样去打工赚钱，补贴家里。我给母亲说了我的想法，母亲非常生气，哭着对我说："孩子，不上学没有出息。我知道你行，家里再苦都会支持你上学。"

　　母亲淳朴的话语深深地打动了我，给了我信心和勇气。为了不辜负母亲的厚望，我留在学校继续学习，努力拼搏，最终以优异的成绩考上我们县最好的高中，第一次来到离家35千米以外的县城。高中毕业我考上了师范，毕业后成了一名教师。经过不断地学习成长，我从一个农民的儿子成为一名中学校长，一步步走过，正是通过学校教育，我成为一个对社会有所贡献的人。

　　如今作为一个教育工作者，我身上又肩负了多少个母亲的殷殷期望呢？

　　孩子们从四面八方来到学校，学校对于他们来说是那么新奇，那么神圣。他们的人生刚刚开始，我们所给予他们的教育可能会影响他们的一生。我们可以多一点耐心、多一点微笑、多一点鼓励、多一点爱，让来到我们身边的每一个孩子都能更多地感受到教育的温暖，给他们种下爱的种子。我相信，每一个孩子在他的人生路上都会因为我们今天辛苦的付出而受益。

当我们看着孩子们从青葱少年成长为翩翩君子、从青涩少女成长为窈窕淑女的时候，那种自豪感就是对我们最好的报答。

有人说，教育是一场相遇，那么，我们今天所有的努力，只是为了不辜负这场美好的相遇！

这，也是我们写这本书的初衷。

周西政

2019 年 6 月

图书在版编目(CIP)数据

爱是教育的灵魂：学校素质教育的多维度探索 / 周西政编著．—北京：北京师范大学出版社，2020.1(2020.10 重印)
 ISBN 978-7-303-24768-4

Ⅰ.①爱… Ⅱ.①周… Ⅲ.①中学－素质教育－研究
Ⅳ.①G631.6

中国版本图书馆 CIP 数据核字(2019)第 110579 号

营 销 中 心 电 话　010-58802135　010-58802786
北师大出版社教师教育分社微信公众号　京师教师教育

AI SHI JIAOYU DE LINGHUN: XUEXIAO SUZHI JIAOYU DE DUOWEIDU TANSUO

出版发行：	北京师范大学出版社　www.bnup.com
	北京市西城区新街口外大街 12—3 号
	邮政编码：100088
印　　刷：	北京溢漾印刷有限公司
经　　销：	全国新华书店
开　　本：	787 mm×1092 mm　1/16
印　　张：	13.25
字　　数：	190 千字
版　　次：	2020 年 1 月第 1 版
印　　次：	2020 年 10 月第 2 次印刷
定　　价：	56.00 元

策划编辑：鲍红玉		责任编辑：周　鹏　王思琪
美术编辑：王齐云		装帧设计：王齐云
责任校对：段立超　陈　民		责任印制：马　洁

版权所有　侵权必究
反盗版、侵权举报电话：010-58800697
北京读者服务部电话：010-58808104
外埠邮购电话：010-58808083
本书如有印装质量问题，请与印制管理部联系调换
印制管理部电话：010-58805079